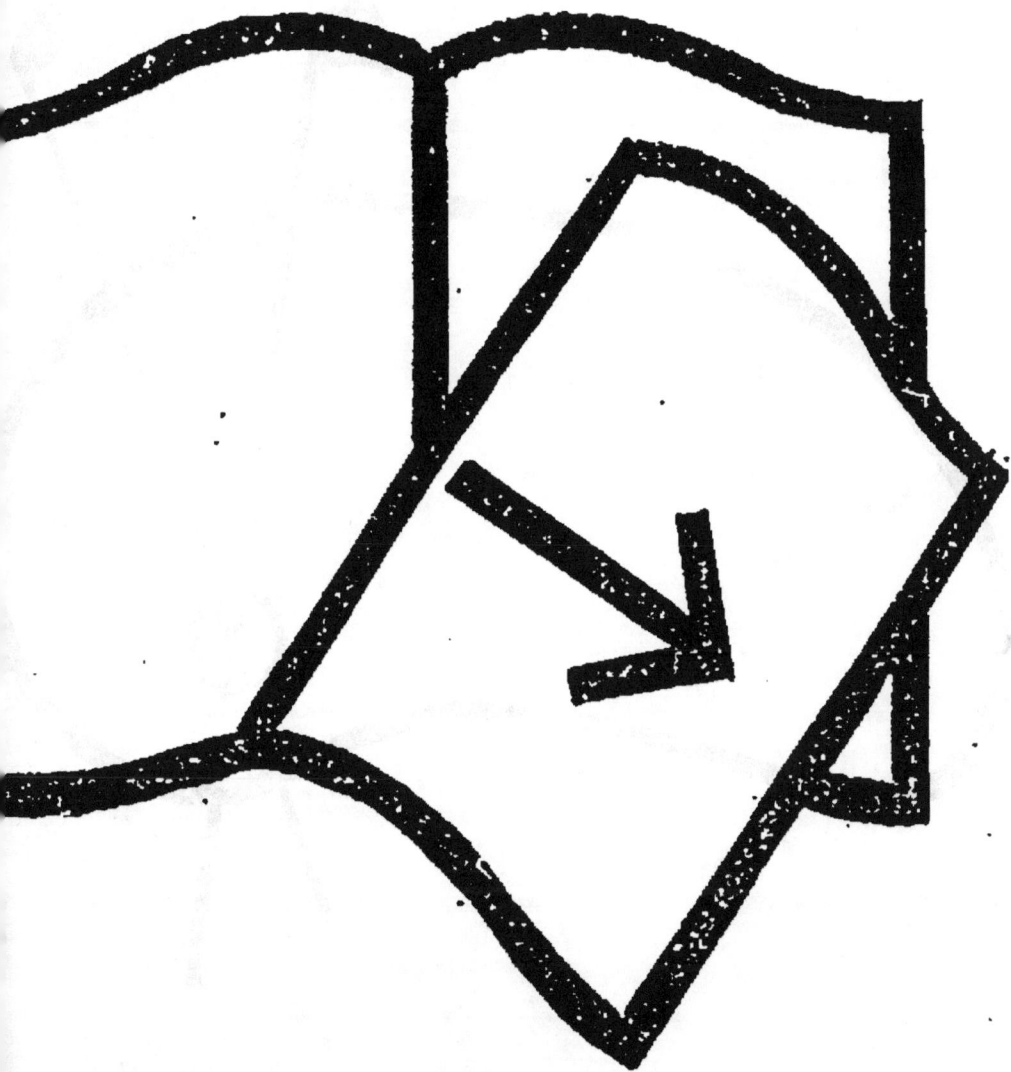

Couverture inférieure manquante

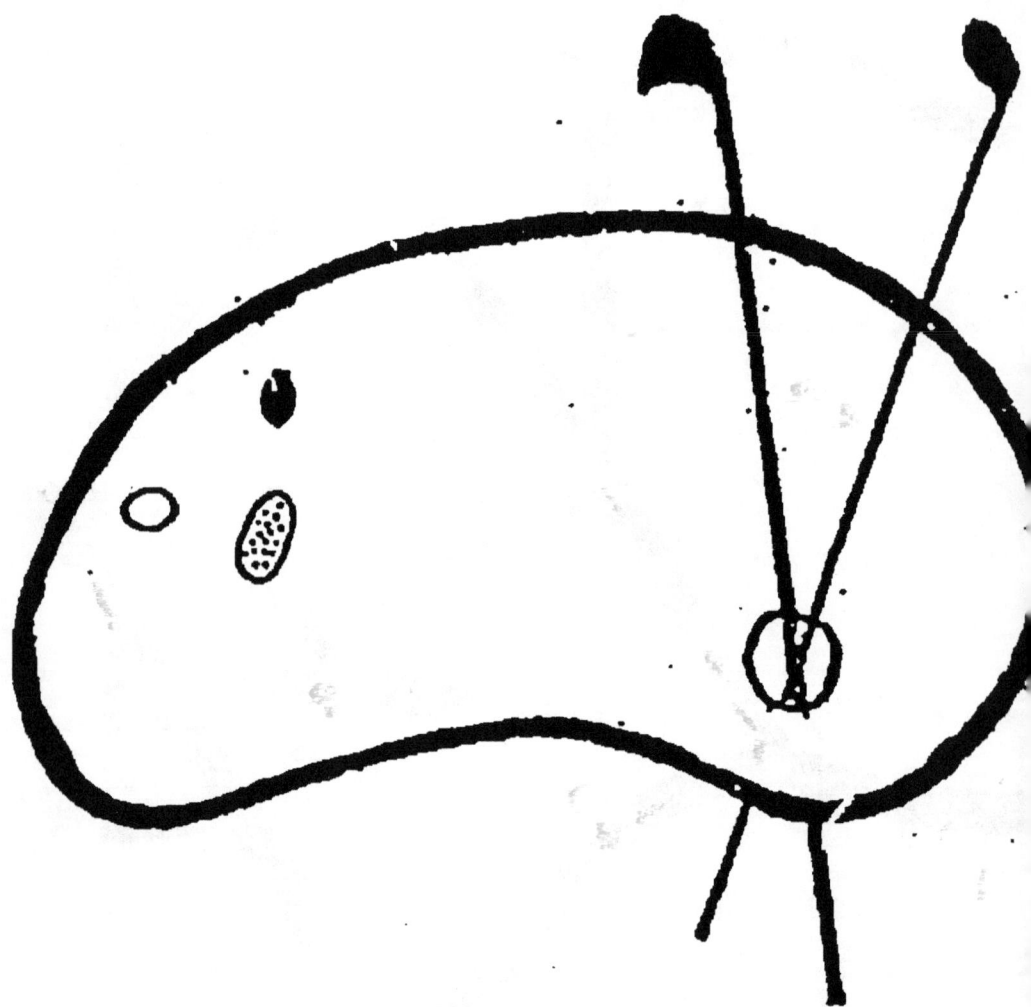

DEBUT D'UNE SERIE DE DOCUMENTS
EN COULEUR

BLIOTHÈQUE CLASSIQUE D'OUVRAGES PHILOSOPHIQUES

PASCAL

DE L'AUTORITÉ
EN MATIÈRE DE PHILOSOPHIE

DE L'ESPRIT GÉOMÉTRIQUE
ENTRETIEN AVEC M. DE SACY

NOUVELLE ÉDITION

AVEC UNE INTRODUCTION ET DES NOTES HISTORIQUES
ET PHILOSOPHIQUES

PAR

L. ROBERT

Doyen de la faculté des lettres de Rennes,
Agrégé des lettres et de philosophie.

PARIS

ANCIENNE LIBRAIRIE GERMER BAILLIÈRE ET Cie
FÉLIX ALCAN, ÉDITEUR
108, BOULEVARD SAINT-GERMAIN, 108

1886

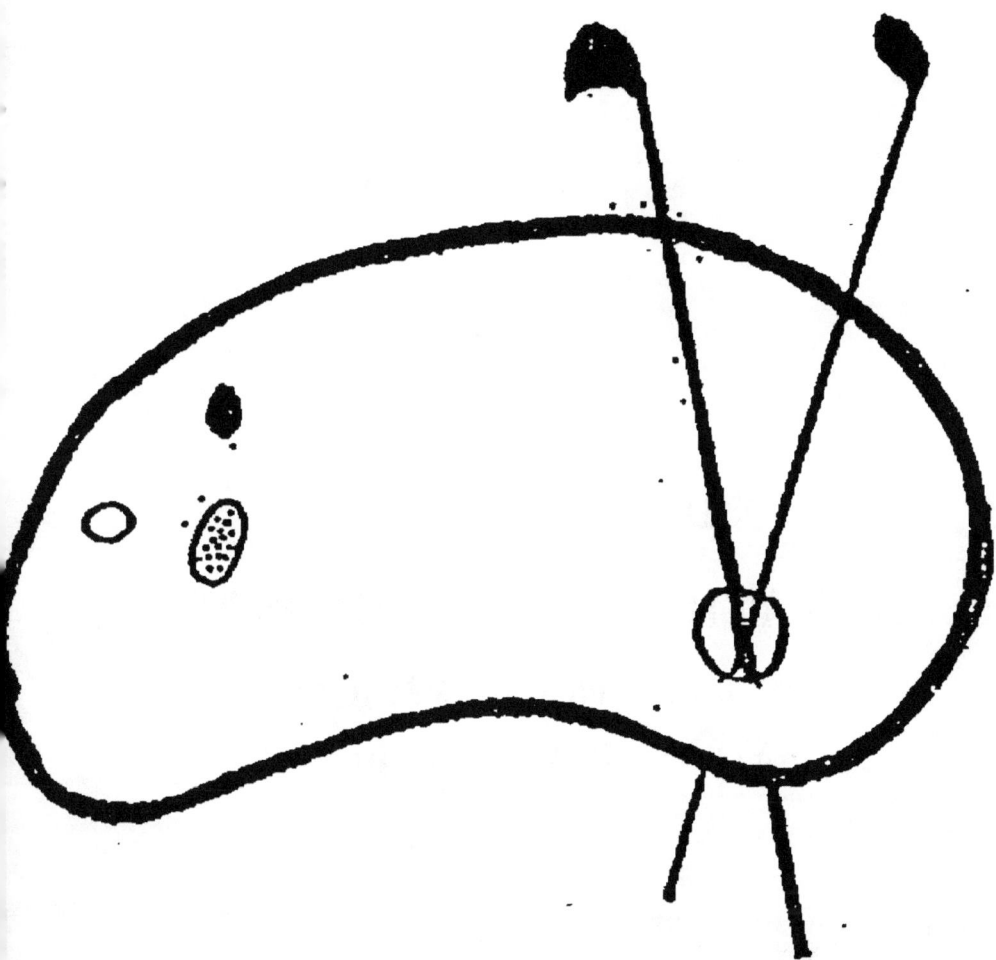

FIN D'UNE SERIE DE DOCUMENTS
EN COULEUR

PASCAL

DE L'AUTORITÉ
EN MATIÈRE DE PHILOSOPHIE
DE L'ESPRIT GÉOMÉTRIQUE
ENTRETIEN AVEC M. DE SACY

ANCIENNE LIBRAIRIE GERMER BAILLIÈRE ET Cie

FÉLIX ALCAN, ÉDITEUR

BIBLIOTHÈQUE CLASSIQUE D'OUVRAGES PHILOSOPHIQUES

AUTEURS

Devant être expliqués dans les classes de philosophie conformément aux programmes de l'enseignement secondaire classique prescrits par arrêté du 22 janvier 1885.

Auteurs français

Descartes. — *Discours sur la méthode; première méditation,* avec notes, introductions et commentaires, par M. V. BROCHARD, professeur de philosophie au lycée Fontanes. 1 vol. in-12, 2e édition. . . . . 2 fr.

Descartes. — *Les Principes de la philosophie,* livre I, avec notes, par M. V. BROCHARD, professeur au lycée Fontanes. 1 vol. in-12, broché.

Leibniz. — *Monadologie,* avec notes, introduction et commentaires par M. D. NOLEN, recteur de l'Académie de Douai. 1 vol. in-12. . . . . . 2 fr.

Leibniz. — *Nouveaux essais sur l'entendement humain,* avant-propos et livre I, avec notes par M. Paul JANET, professeur à la Faculté des lettres de Paris. 1 vol. in-12 . . . . 1 fr.

Malebranche — *De la recherche de la vérité,* liv. II (*de l'Imagination*), avec notes, par M. Pierre JANET, prof. au lycée du Havre, 1 vol. in-12. 1 fr. 80

Pascal. — *De l'autorité en matière de philosophie.* — *De l'esprit géométrique.* — *Entretien avec M. de Sacy,* avec notes, par M. ROBERT, doyen de la Faculté des lettres de Rennes. 1 vol. in-12 . . . . 1 fr.

Condillac. — *Traité des accusations,* livre I, avec notes, par M. Georges LYON, professeur au lycée Henri IV. 1 vol. in-12.

Auteurs latins

Lucrèce. — *De natura rerum,* livre V, avec notes, introduction et commentaires, par M. Georges LYON, professeur au lycée Henri IV. 1 vol. in-12.

Cicéron. — *De natura deorum,* livre II, avec notes, introduction et commentaires, par M. PICAVET, agrégé de l'Université. 1 vol. in-12.

Cicéron. — *De officiis,* livre I, avec notes, introduction et commentaires, par M. BOIRAC, professeur au lycée Condorcet. 1 vol. in-12 . . . . 1 fr. 40

Sénèque. — *Lettres à Lucilius* (les 16 premières), avec notes, par M. DAURIAC, professeur à la Faculté des lettres de Montpellier. 1 vol. in-12.

Auteurs grecs

Xénophon. — *Mémorables,* livre I, avec notes, introduction et commentaires, par M. PENION, professeur à la Faculté des lettres de Douai. 1 vol. in-18.

Platon. — *La République,* livre VI, avec notes, introduction et commentaires, par M. ESPINAC, professeur à la Faculté des lettres de Bordeaux. 1 vol. in-18.

Aristote — *Morale à Nicomaque,* livre X, avec notes, introduction et commentaires, par M. L. CARRAU, directeur des conférences de philosophie à la Faculté des lettres de Paris. 1 vol. in-12. . . . . 1 fr. 25

Épictète. — *Manuel,* avec notes, introduction et commentaires, par M. MONTARGIS, agrégé de l'Université. 1 vol. in-12. . . . . 1 fr

TOURS. — IMP. E. ARRAULT ET Cie

BIBLIOTHÈQUE CLASSIQUE D'OUVRAGES PHILOSOPHIQUES

PASCAL

DE L'AUTORITÉ

EN MATIÈRE DE PHILOSOPHIE

DE L'ESPRIT GÉOMÉTRIQUE
ENTRETIEN AVEC M. DE SACY

NOUVELLE ÉDITION

AVEC UNE INTRODUCTION ET DES NOTES HISTORIQUES
ET PHILOSOPHIQUES

PAR

L. ROBERT

Doyen de la faculté des lettres de Rennes
Agrégé des lettres et de philosophie

PARIS

ANCIENNE LIBRAIRIE GERMER BAILLIÈRE ET Cie

FÉLIX ALCAN, ÉDITEUR

108, BOULEVARD SAINT-GERMAIN, 108

1886

AVANT-PROPOS

L'introduction et les notes qui vont suivre ne sont pas l'œuvre d'un érudit ni d'un écrivain, mais celle d'un professeur. Habitué à parler à la jeunesse et à lui faire part de nos réflexions et de nos lectures, nous n'avons rien changé à notre méthode. Quand nous citerons V. Cousin, Sainte-Beuve, Lélut, Prévost-Paradol, Vinet, nos élèves se sentiront en belle compagnie pour lire et comprendre Pascal. Nous devons ici un témoignage particulier de reconnaissance à M. Ernest Havet, à qui nous avons emprunté le texte des trois opuscules, et dont l'éloquent et savant commentaire était à la fois sous nos yeux et dans notre souvenir. Tout ce qu'il y a de personnel dans notre travail, c'est une admiration réfléchie pour l'immortel prosateur dont la France ne sera jamais assez fière, et un vif désir de faire partager ce sentiment à nos jeunes lecteurs.

L. R.

INTRODUCTION [1]

I

NOTICE BIOGRAPHIQUE SUR PASCAL

Avant d'étudier les ouvrages de Pascal, il faut avoir une idée de sa vie. L'écrivain serait une énigme, si l'on ne connaissait l'homme. Nous n'avons pas affaire ici à l'auteur d'un système abstrait, à un de ces philosophes spéculatifs qui jettent un regard impassible sur les choses de ce monde. Pascal écrit avec toute son âme, et cette âme est ardente, fière et maladive.

Blaise Pascal naquit à Clermont, le 19 juin 1623. De bonne heure il fut entouré de savants. Son père, Étienne Pascal, président de la cour des aides de Clermont, devenu veuf dès l'année 1628, vendit sa charge et vint s'établir à Paris en 1631, pour cultiver les sciences et vaquer à l'éducation de ses enfants. Il se mit en rapport avec des mathématiciens et physiciens de profession ou amateurs de curiosités scientifiques. Il était lié surtout avec le P. Mersenne, Roberval, Carcavi, le Pailleur. Les réunions qui avaient lieu, tantôt chez l'un, tantôt chez l'autre, furent le premier noyau de l'Académie des sciences, comme celles de chez Conrard devinrent l'Académie française [2]. C'est dans ce milieu que Blaise Pascal, passa son enfance.

Du reste, il n'était pas besoin de circonstances particulières, pour donner l'éveil à son génie. Dès ses plus jeunes années, il laissait paraître sa vocation de chercheur et d'inventeur par ses questions sur *la raison des choses*. Nous sommes renseignés à cet égard par sa sœur Gilberte, Mme Périer [3]. « Mon père, dit-elle,

(1) Cette introduction se compose de deux parties : 1° une notice biographique sur Pascal; 2° une étude sur les trois opuscules philosophiques.

(2) Sainte-Beuve : *Port-Royal*, t. II, p. 455.

(3) La *vie de Blaise Pascal*, par Mme Périer, a été reproduite dans l'édition Havet.

lui parlait souvent des effets extraordinaires de la nature,
comme de la poudre à canon, et d'autres choses qui surprennent quand on les considère. Mon frère prenait grand plaisir à
cet entretien, mais il voulait savoir la raison de toutes choses ;
et comme elles ne sont pas toutes connues, lorsque mon père
ne les disait pas, ou qu'il disait celles qu'on allègue d'ordinaire, qui ne sont proprement que défaites, cela ne le contentait pas; car il a toujours eu une netteté d'esprit admirable
pour discerner le faux. » Voilà déjà l'homme qui se révèle dans
l'enfant. Les aptitudes scientifiques se montrent aussi vite chez
un Descartes et un Pascal, que le génie musical ou poétique
chez Mozart ou Victor Hugo. « Une fois, continue Mme Périer,
quelqu'un ayant frappé à table un plat de faïence avec un cou-
teau, mon frère prit garde que cela rendait un grand son, mais
qu'aussitôt qu'on eût mis la main dessus, cela s'arrêta : il vou-
lut en même temps en savoir la cause et cette expérience le
porta à en faire beaucoup d'autres sur les sons. Il y remarqua
tant de choses qu'il fit un traité à l'âge de 12 ans, qui fut trouvé
tout à fait bien raisonné. » Ainsi, à l'âge de 12 ans, Pascal faisait le *Traité de la communication des sons*.

Nous venons de voir le physicien naissant ; voici maintenant
le mathématicien. M. Étienne Pascal était très versé dans les
mathématiques; mais, sachant à quel point cette science cap-
tive l'esprit, il voulait en interdire l'étude à son fils, jusqu'au
moment où celui-ci posséderait les langues grecque et latine.
Aux questions de Blaise sur les mathématiques, il se contentait
de répondre que c'était le moyen de faire des figures justes et
de trouver les proportions qu'elles avaient entre elles, et il lui
défendit d'en parler davantage et d'y penser jamais. La défense
fut inutile. L'enfant, « se mit lui-même à rêver sur cela à ses
heures de récréation; et étant seul dans la salle où il avait été
accoutumé de se divertir, il prenait du charbon et faisait des
figures sur des carreaux, cherchant des moyens de faire, par
exemple, un cercle parfaitement rond, un triangle dont les côtés
et les angles fussent égaux, et autres choses semblables. Il
trouvait tout cela lui seul; ensuite il cherchait les proportions
des figures entre elles. Mais comme le soin de mon père avait
été si grand de lui cacher toutes ses choses, il n'en savait pas
même les noms. Il fut contraint de se faire lui-même des définitions; il appelait un cercle un rond, une ligne une barre, et
ainsi des autres. Après ces définitions, il se fit des axiomes, et
enfin, il fit des démonstrations parfaites... il en vint jusqu'à la
32e proposition du premier livre d'Euclide ». Détails précieux
à recueillir pour ceux qui veulent étudier les vues de Pascal
sur la méthode des sciences exactes. Ces renseignements ne

donnent-ils pas une nouvelle importance aux règles du second fragment *de l'Esprit géométrique* sur les définitions, les axiomes et les démonstrations ? — Étienne Pascal, frappé des dispositions étonnantes de son fils, lui mit entre les mains, sur le conseil de son ami le Pailleur, les *Éléments* d'Euclide, pour les lire à ses heures de récréation. Blaise les entendit sans la moindre peine, et, à partir de ce moment, il lui fut permis d'assister aux réunions savantes qui avaient lieu dans la maison paternelle. Ses progrès en mathématiques furent tels qu'à 16 ans, il faisait un *Traité des sections coniques* (1) qui, sans enrichir la science, excitait l'admiration des savants, entre autres de Descartes.

Ici, se termine, pour Pascal, ce que l'on peut appeler la période de l'éducation. Une chose nous frappe dans cette éducation : c'est l'absence de ces exercices de rhétorique et de style, auxquels on a fait de tout temps une part si large dans les études. Les langues, la logique, la physique, les mathématiques : voilà le premier aliment intellectuel de cet admirable écrivain. Pour l'éloquence, elle fut ajournée, ou plutôt elle grandissait et se formait d'elle-même dans cet esprit si net et si sûr, mais en même temps si actif et si impétueux, qui passionnait tout jusqu'à la géométrie.

En mars 1638, un événement inattendu vint troubler momentanément, puis changer l'existence de M. Pascal père. Il fut soupçonné par le cardinal de Richelieu, d'avoir pris part à une petite manifestation contre un retranchement de rentes de l'hôtel de ville. Ordre fut donné de l'arrêter avec les principaux plaignants et de l'enfermer à la Bastille. Il n'échappa qu'en se tenant longtemps caché. On sait comment il rentra en grâce. Dût-on nous accuser de longueur, nous n'avons pas le courage de passer cette jolie anecdote (2). Sa seconde fille, Jacqueline, la future religieuse de Port-Royal, allait souvent à la cour, où on l'admirait comme une petite merveille à cause des pièces de vers qu'elle avait faites en l'honneur de la reine, de Mademoiselle, etc. En février 1639, le cardinal eut la fantaisie, pour se distraire, de faire jouer la comédie par des enfants. Sa nièce, la duchesse d'Aiguillon, chargée de recruter les acteurs et les actrices, eut l'idée de demander la petite Pascal. Mlle Pascal l'aînée (Gilberte), répondit tout net : « M. le cardinal ne nous donne pas assez de plaisir, pour que nous pensions à lui en faire ». Mais on réfléchit que ce pourrait être un moyen de servir le père. La petite apprit son rôle, le joua à ravir, et, la comédie finie, alla toute seule au cardinal, qui la prit sur

---

(1) *OEuvres*, édit. de 1819, t. IV, p. 7.
(2) Sainte-Beuve, *Port-Royal*, t. II, p. 451.

ses genoux. Tout en pleurant, elle lui récita un petit compliment en vers, pour lui demander la grâce de son père. Le chancelier qui était présent et la duchesse d'Aiguillon s'y joignirent, et le cardinal dit : « Eh bien, mon enfant, mandez à M. votre père qu'il peut revenir en toute assurance, et que je suis bien aise de le rendre à une si aimable famille. » M. Pascal put sortir de sa retraite, et, lorsqu'il vint remercier le cardinal, celui-ci le nomma intendant de la généralité de Rouen. Ceci nous ramène à Blaise Pascal. C'est à Rouen qu'il inventa sa machine arithmétique, pour soulager son père des longs calculs auxquels il était obligé de se livrer : l'exécution lui coûta plus de tracas que la conception ne lui avait coûté d'efforts. On peut voir dans les *OEuvres complètes* (Paris 1819, t. IV, p. 7 et 10), les dessins de ce curieux appareil. Dans un *avis* à l'ami lecteur, Pascal en explique l'usage, il rappelle les tâtonnements qu'elle lui a coûtés, et conclut en espérant qu'on lui saura gré de rendre faciles, simples, promptes et assurées, des opérations auparavant pénibles, compliquées, longues et peu certaines. La machine arithmétique ne fut construite qu'après deux années d'un travail opiniâtre (1645). Cette constante application altéra profondément la santé de Pascal, qui avait toujours été délicate. Il disait souvent que, depuis cette époque, il n'avait jamais été un jour sans douleur.

L'année 1646 (âge de Pascal, 23 ans), est une date importante dans la vie du grand écrivain. Cette année vit le commencement de ses travaux sur le vide et ce qu'on a nommé sa première conversion : deux événements qui méritent qu'on s'y arrête.

Torricelli avait fait ses premières expériences sur la pesanteur de l'air, et le P. Mersenne en avait apporté la nouvelle en France. Pascal, alors à Rouen, recommença les expériences de Torricelli et y ajouta les siennes, que l'on peut partager en deux séries distinctes : 1° celles qu'il fit sans abandonner entièrement l'ancienne doctrine sur la répugnance de la nature pour le vide; 2° celles qui eurent pour but de prouver que la vraie cause des phénomènes jusque alors inexpliqués est la pesanteur de l'air. Nous reviendrons sur ces expériences, à propos du fragment sur l'*Autorité en matière de philosophie*. C'est à cette occasion qu'il entra en lutte, pour la première fois, avec des adversaires qu'il devait retrouver plus tard, les jésuites. A Paris, le P. Noël l'attaqua dans plusieurs lettres et écrivit contre lui un traité intitulé *Le plein du vide* (1). En

(1) Voir ces lettres et ce traité dans l'édition complète des *OEuvres* de Pascal. Paris 1819.

Auvergne, les jésuites de Montferrand le firent accuser, dans des thèses, de s'être approprié les travaux des Italiens. Ainsi, longtemps avant les *Provinciales*, notre philosophe avait eu maille à partir avec la célèbre compagnie, et M. Pascal père, qui intervint dans la querelle, semblait prédire l'avenir, lorsqu'il écrivait au P. Noël qu'il avait été bien heureux d'en être quitte à si bon marché, après s'être commis en style d'injures contre un jeune homme capable de lui causer un éternel repentir. Pascal écrivain et logicien se devine déjà dans les réponses au P. Noël. Mais alors il préparait un ouvrage d'un ordre plus élevé, son *Traité du vide*. Les pages immortelles connues sous ce titre : *De l'autorité en matière de philosophie* sont un fragment de la préface (de 1648 à 1651).

La première conversion, avons-nous dit, remonte aussi à 1646. Au mois de janvier de cette année, M. Pascal père, s'étant démis la jambe, se confia pour sa guérison à deux gentilshommes renommés pour ces sortes de cures. Ceux-ci, tout en soignant leur malade, l'entretinrent de la renaissance religieuse provoquée par Jansénius, et lui prêtèrent son discours sur la *Réformation de l'homme intérieur* et les livres de l'abbé de St-Cyran. Blaise prit connaissance de ces ouvrage et son esprit en fut vivement ébranlé; car, une année après, en 1647, pendant qu'il était à Paris pour demander conseil sur sa santé, il assistait, avec sa sœur Jacqueline, dans l'église de Port-Royal, aux sermons de l'abbé Singlin. Cette parole austère acheva sur tous les deux ce que les écrits jansénistes avaient commencé. Jacqueline prit la résolution d'entrer en religion, et son frère, bien loin de s'y opposer comme il essaya de le faire plus tard, l'encouragea dans cette pensée. Cette ferveur passagère et, comme dit Sainte–Beuve, cette première vue extérieure du Port-Royal fut ce que les biographes ont appelé la première conversion de Pascal. Ce mot de conversion ne doit pas être pris à la lettre: Pascal, non plus que le reste de sa famille, ne s'était jamais écarté de la religion; il faut entendre, un redoublement de piété, une vie plus sévèrement chrétienne sous l'influence des idées jansénistes. Mais le fait devait avoir son importance dans l'histoire intellectuelle du grand écrivain. Jusqu'à cette époque, il s'était occupé exclusivement de physique et de mathématiques. Or, dans le *Discours* de Jansénius, il trouvait surtout de la morale. Et quelle morale! C'était la condamnation expresse de cette curiosité qui veut tout savoir, de *celle recherche des secrets de la nature qui ne nous regardent point*, véritable maladie de l'ame, voilée sous le nom de science, espèce de concupiscence non moins dangereuse que celle de la chair. Pour la première fois, Pascal dut envisager sous un nou-

vel aspect la physique et la géométrie ; il dut se dire, comme
tout le monde le répétait à Port-Royal, que *les hommes ne sont
pas nés pour mesurer des lignes, examiner les rapports des angles
et considérer les divers mouvements de la matière, que leur esprit
est trop grand, leur vie trop courte et leur temps trop précieux
pour l'occuper à de si petits objets* (1). Alors, sans doute, il dut
mettre pour la première fois en balance le problème du monde
matériel et celui de la destinée humaine. Pascal moraliste pou-
rait bien dater de cette époque (2).

Cependant, pour cette fois, le changement ne fut pas définitif. Pascal ne dit adieu ni au monde ni aux sciences profanes, et sa ferveur de nouveau converti ne dura guère qu'une
année (1647-48), pendant laquelle il continuait, pour les pous-
ser plus loin encore, ses expériences sur la pesanteur de l'air.

A ce moment l'affaiblissement de sa santé devint extrême.
Il fut saisi d'une paralysie des membres inférieurs et ne put,
pendant quelque temps, marcher qu'avec des béquilles. Si l'on
veut avoir de curieux détails ou de savantes conjectures sur
cette maladie de Pascal, il faut lire l'ouvrage que M. Lélut lui
a consacré. Qu'il nous soit permis d'en extraire les lignes suivantes : « Ces incommodités continuelles, cette douleur de
tête insupportable, cette chaleur d'entrailles excessive, ce res-
serrement de la gorge, et beaucoup d'autres maux encore, tout
cela, maintenant comme jadis, c'est le fantasque cortège d'une
maladie déplorable, qui n'est que trop souvent la suite des
travaux de l'intelligence, mais qui a quelquefois pour résultat
de les rendre plus énergiques et plus féconds. Cette maladie
que, dans le langage du monde, on nomme mélancolie, a reçu
de la science un autre nom (celui d'hypocondrie). L'organe qui
en est plus particulièrement le siège, c'est celui de l'entendement. Une vie trop active y produit et y suit tour à tour une
trop grande activité de la pensée ; et de là, dans une union
souvent inextricable, les douleurs du corps et les peines de
l'âme. Pour échapper à cette double torture, les mélancoliques,
livrés au labeur de l'esprit, cherchent et finissent par trouver
dans un redoublement de travail un allégement à leurs misères. Souffrir parce qu'ils pensent, penser parce qu'ils souf-
frent, c'est là pour eux toute la vie. Ce fut, hélas, celle de
Pascal (3). » Le même auteur parle aussi des médecins de Pascal. Il en eut de diverses sortes, et le plus sage était, sans
doute, Descartes, qui lui conseillait de garder le lit et de prendre

---

(1) Voyez *Logique de Port-Royal*. Premier discours.
(2) Sainte-Beuve, *Port-Royal*, t. II, p. 478.
(3) Lélut, *l'Amulette de Pascal*, p. 147.

force bouillons. Ce conseil ne fut pas suivi. Pascal tomba entre les mains de galénistes fervents, qui prodiguèrent inutilement les saignées et les purgations. A la fin, ces médecins, à bout d'expédients, lui ordonnèrent de laisser là toute occupation sérieuse, de voir le monde et de s'y divertir.

· Ici, se place une période incertaine et troublée de cinq ans environ (1649-1654). C'est, comme on l'a dit, une véritable halte dans la piété, et, jusqu'à un certain point, dans le travail. Il faut en garder le souvenir, si l'on veut bien comprendre le Pascal des *Pensées*, l'apologiste de la religion, qui combat Montaigne, mais après l'avoir lu et goûté, le converti qui maltraite les libertins, mais en homme qui les a connus et fréquentés, le chrétien prosterné qui parle par expérience de ces divertissements qui nous font oublier notre misère en nous jetant hors de nous-même (*Pensées*, art. IV).

Pascal ne voulait d'abord qu'obéir à ses médecins, qui lui avaient interdit toute espèce d'étude. Mais insensiblement il prit goût à cette vie nouvelle. Sa santé, du reste, ne s'en trouvait pas mal. D'autre part, il se voyait recherché dans le monde, où son esprit et sa fortune lui permettaient de paraître avec honneur. « Son portrait est là pour nous dire quel était son noble visage. Ses grands yeux lançaient des flammes, et, dans ce temps de haute galanterie, Pascal jeune, beau, plein de langueur et d'ardeur, impétueux et réfléchi, superbe et mélancolique, devait être un personnage intéressant au dernier point (1). » L'état des esprits, dans la société d'alors, n'était pas fait pour calmer les velléités d'indépendance. « C'était, dit Sainte-Beuve, le temps de la fronde et le lendemain, la société se livrait à nu. Molière et Pascal, ces deux grands esprits, en ces libres moments, passaient leur jeunesse et menaient leur fronde. Les grands et les petits, la propriété, la naissance, tous les droits ou les préjugés nécessaires et convenus, Pascal, en passant, s'en rendait compte, et il n'avait l'air que de s'amuser (2). »

Jusqu'à quel point Pascal donna-t-il dans les divertissements du monde? On ne peut le dire au juste. Il est à croire que, chez une nature aussi élevée, l'esprit mondain n'alla jamais jusqu'au dérèglement. Quoi qu'il en soit, c'est alors probablement qu'il composa son *Discours sur les passions de l'amour*. Alors il connut certains amis dont l'exemple aurait pu le mener loin, s'il les avait imités. C'était le chevalier de Méré, « grand joueur, grand libertin, bel esprit, ayant quelque teinture des

(1) Cousin : *Des Pensées de Pascal*, p. 392.
(2) Sainte-Beuve, *Port-Royal*, t. II, p. 496.

sciences, et se figurant y être fort versé » (1). C'était un ami
du chevalier de Méré, Miton, homme à la mode, habile à
couvrir ce qu'il y a de haïssable dans le moi (*Pensées*, art. VI,
20) ; puis ce Desbarreaux qui ne sera pas cité comme un fort
bon modèle, quand son nom se présentera plus tard sous la
plume de l'auteur des *Pensées* (voyez cet ouvrage, art. VIII, 2).

Au mois de septembre 1651, Pascal eut le malheur de
perdre son père, qui, depuis quelques années, avait quitté
Rouen pour Paris, à la suite d'un changement de position. Cette
mort fut pour lui l'occasion d'une vive douleur ; mais elle lui
donna aussi, avec une liberté et une aisance plus grandes, les
moyens de se répandre davantage dans le monde. Jadis il avait
engagé sa sœur à entrer au monastère de Port-Royal ; mais au
moment dont nous parlons, il eut beaucoup de peine à y consentir, il se prêta même d'assez mauvaise grâce à lui remettre
sa part de l'héritage paternel, dont elle voulait disposer en
faveur de la maison de Port-Royal, afin de ne pas y être reçue
par charité (2). Ici, nous détournerions volontiers nos regards
de notre mondain, pour les reporter sur Jacqueline de Ste-
Euphémie. Comme on compatit aux douleurs cachées de la
nouvelle religieuse, dans ces tristes débats d'intérêt ! Comme
on est touché de sa délicatesse, de sa fierté, de son abnégation
chrétienne ! Et comme on admire une fois de plus les femmes
incomparables qui la consolent avec une tendresse ingénieuse,
ces héroïnes du cloître, au cœur de mère et de sœur, les
Angélique Arnauld et les Agnès de Port-Royal ! Ces scènes
exquises ont été retracées de main de maître par Sainte-Beuve.
Nous ne pouvons que renvoyer à son ouvrage.

Il ne faut pas aller trop loin, redisons-le, quand on parle de
la vie mondaine de Pascal. Méré, Miton et Desbarreaux n'étaient
pas ses seuls amis ; et lorsque Jacqueline parle des *folies* et des
horribles attaches qui retiennent son frère loin de Dieu, il y a
dans ce langage beaucoup d'exagération janséniste. Revenu à
un meilleur état de santé, Pascal ne laissait pas dans l'oubli
ses travaux de physique et de mathématiques. Il soutenait une
correspondance active avec Fermat qui résidait à Toulouse. A
propos des questions que lui avait posées le chevalier de Méré,
toujours passionné pour le jeu, il faisait avancer d'un pas la
théorie du calcul des probabilités. « Signe original et singulier !
chaque coup d'œil qu'il donnait, même par distraction, à

---

(1) Lélut *l'Amulette de Pascal*, p. 235.
(2) Il est juste de remarquer, avec Sainte-Beuve, que le deuil où le
laissait la mort de son père lui faisait désirer de garder sa sœur
auprès de lui.

quelque objet, amenait une idée neuve, et souvent une idée, pratique (1). » C'est ainsi qu'il inventait le *haquet* (sorte de charrette) et la *brouette du vinaigrier*; il trouvait de même l'idée des *carrosses à six sous*, qui devaient être plus tard les *omnibus*.

Vers le temps où nous sommes (fin de 1653), rassuré sans doute par le bon état de sa santé, il pensait à un engagement plus définitif, à l'achat d'une charge, à un mariage. Mais, dit Mme Périer, Dieu l'appelait à une plus grande perfection.

La seconde conversion fut-elle un changement brusque, amené par l'accident du pont de Neuilly ? Le contraire paraît certain. En effet, dès le mois de septembre 1654, le retour de Pascal à un nouveau genre de vie s'annonçait par de fréquentes visites à sa sœur Jacqueline, qui prenait insensiblement sur lui un peu de l'empire qu'il avait exercé sur elle. D'autre part, le terrible accident ne fut pas immédiatement suivi de la retraite à Port-Royal. Toutefois, cet événement put avoir une importance qu'il serait puéril de méconnaître.

Un jour de fête du mois d'octobre 1654, Pascal, suivant son habitude, était allé se promener au pont de Neuilly, dans un carrosse attelé de quatre ou six chevaux ; les deux premiers prirent le mors aux dents et, entraînant la voiture dans un endroit qui n'avait point de parapet, ils étaient sur le point de se précipiter avec elle dans la Seine. Heureusement que, par leur poids, ils brisèrent les traits qui les unissaient au reste de l'attelage et tombèrent seuls dans le fleuve, la voiture resta comme suspendue sur le bord. Jamais Pascal ne s'était vu si près de sa fin. L'impression fut terrible ; il eut beaucoup de peine à revenir d'un long évanouissement.

Un tel péril, conjuré comme par miracle, devait amener de sérieuses réflexions dans une âme religieuse comme celle de Pascal. Il prit le parti de rompre avec ces amusements fastueux et de mener une vie plus humble et plus retirée. Enfin, un mois après l'accident de Neuilly, il eut cette nuit de ravissement sur laquelle on a tant discuté.

Nul ne saura jamais en détail ce que Pascal éprouva le 23 novembre 1654, entre 10 heures 1/2 du soir et minuit 1/2. On ne peut que s'en faire une idée par l'écrit qui porte cette date et qui fut trouvé, après sa mort, dans la doublure de son habit; il décousait et recousait lui-même ce papier chaque fois qu'il usait un habit, tant il tenait à ne pas s'en séparer ! C'est une page manuscrite, d'une écriture presque illisible. En tête se trouve une croix dans un globe de feu ; aucune ligne n'est

(1) Sainte-Beuve, *Port-Royal*, t. II, p. 197.

achevée ; rien ne se suit ; ce sont comme des paroles entre-coupées, prononcées dans le délire de la fièvre. Ce document a été appelé l'*Amulette de Pascal*.

Mais que signifie cette image informe, représentant une croix entourée d'une auréole ? Et immédiatement après, ces paroles du manuscrit ? « L'an de grâce 1654, lundi 23 novembre, jour de Saint-Clément, etc., depuis environ dix heures et demie du soir, jusques environ minuit et demi, — feu — Dieu d'Abraham, Dieu d'Isaac, Dieu de Jacob, non des philosophes et des savants — certitude joie, certitude, etc. »

Suivant les uns, Pascal aurait éprouvé un de ces ravissements que la grâce divine produit chez certaines natures. Un autre géomètre, Descartes, n'avait-il pas eu, dans la nuit du 10 novembre 1619, une heure d'extase, qu'il attribuait lui-même à une influence surnaturelle, et à la suite de laquelle il fit le vœu d'un pèlerinage à Notre-Dame de Lorette ? D'autres ne se contentent pas d'un simple effet de la grâce, et vont jusqu'à croire à une vision miraculeuse. — M. Lélut, le médecin philosophe, admet la vision. Mais, d'après lui, elle n'eut rien de miraculeux, puisqu'elle jeta Pascal dans une piété sombre que l'on serait tenté de déplorer : c'était une simple hallucination. D'après cette hypothèse, M. Lélut interprète, dans des pages très éloquentes, le document dont il s'agit et les circonstances qui lui ont donné naissance (1).

Quoi qu'il en soit, Pascal présenté, peu de temps après, par l'abbé Singlin, se mettait en rapport avec messieurs de Port-Royal des Champs. Admis parmi les solitaires de l'abbaye, nous le voyons établi dans une petite cellule, où il passa à peu près le reste de sa vie, n'en sortant guère que par ses écrits et sa renommée.

Ce n'était plus le Pascal qui se faisait transporter au pont de Neuilly dans un carrosse attelé de six chevaux. Tout entier à ses exercices de dévotion, il méditait ces entretiens mystiques dont il nous a laissé un spécimen dans le *Mystère de Jésus*. C'est alors qu'il se revêtit d'une ceinture armée de pointes, qu'il s'enfonçait dans la chair d'un coup de coude, au moindre mouvement de vanité. Ne pouvant préparer lui-même ses aliments, il allait humblement les chercher à la cuisine. En les mangeant, il faisait en sorte de les goûter le moins possible. Il poussait l'abandon de lui-même jusqu'à une pieuse malpropreté, sur laquelle sa sœur Jacqueline jugeait à propos de lui écrire qu'avant d'exceller dans l'humble négligence de tout ce qui nous touche, il peut être bon de réussir dans

(1) *L'Amulette de Pascal*, pag. 158 et suiv.

l'humble diligence et vigilance sur la personne qui nous sert.

Le génie devait s'éteindre, à ce qu'il semble, dans cette existence d'ascète, jointe aux progrès de la maladie. Il n'en fut rien. Ses dernières années furent signalées par de nouveaux titres de gloire. L'*Entretien sur Épictète et Montaigne*, que le public devait connaître plus tard, grace à Fontaine, le secrétaire de M. de Sacy, date des premières visites de Pascal à Port-Royal des Champs. Les fragments sur l'esprit géométrique furent écrits probablement peu de temps après sa retraite à l'abbaye. En 1656 paraissaient les *Provinciales*, publiées, non sans difficulté, par lettres détachées, et dont chacune était un événement. De 1657 à 1658, tourmenté d'un mal de dents qui lui ôtait le sommeil, Pascal imagina, pour tromper ses douleurs, d'occuper son esprit à quelque problème de géométrie, et c'est alors qu'il inventa, ou plutôt qu'il acheva, sur les ébauches de Roberval et de Descartes, la Théorie des Cycloïdes, dont l'exposé parut en 1659, dans le *Traité de la roulette*. De 1659 à 1662, il traversa trois années d'austérités et de souffrances, pendant lesquelles il préparait ce grand ouvrage sur la religion, dont nous n'avons que des fragments et des notes sous le nom de *Pensées*. Il mourut à Paris, dans la maison de sa sœur, Mme Périer, le 19 août 1662, âgé de 39 ans, (21 mois).

Telle fut la vie de Blaise Pascal. Elle nous aide à comprendre ses écrits. Le physicien, le géometre, l'homme du monde et le solitaire, vont se retrouver dans ces ébauches de chefs-d'œuvre, où il a gravé de hautes vérités philosophiques dans un langage impérissable.

II

ÉTUDE SUR LES OPUSCULES PHILOSOPHIQUES

Lorsqu'on jette un coup d'œil sur les trois opuscules dont le texte sera donné plus loin, on s'aperçoit bien vite que Pascal a connu toutes les grandes directions de la pensée : la méthode expérimentale, la méthode mathématique et, jusqu'à un certain point, la méthode morale (2). Les fragments sur l'*Autorité*

(1) Voir, dans l'édition Havet, le touchant récit de ses derniers moments par Mme Périer.

(2) Cette expression de *méthode morale* sera justifiée plus loin.

en philosophie et sur l'*Esprit géométrique,* feront connaître ses vues sur les deux premières : l'*Entretien avec Sacy,* nous fournira l'occasion de parler de la troisième. Par là, nous aurons une idée de Pascal considéré comme logicien.

1 — DE L'AUTORITÉ EN MATIÈRE DE PHILOSOPHIE. — Ce fragment a, dans l'ensemble des écrits de Pascal, une importance exceptionnelle. Il représente, en effet, un état intellectuel et moral que nous ne retrouverons ni dans les *Provinciales,* ni dans les *Pensées,* ni même dans les deux morceaux sur l'esprit géométrique : l'équilibre de la raison et de la foi, trait distinctif des plus grands esprits du XVIIe siècle. Dans ce fragment du *Traité du vide,* il n'y a pas trace du demi-scepticisme où Pascal devait aboutir sous la triple influence de Montaigne, du jansénisme et, osons le dire, d'une nature maladive et portée aux extrêmes ; car Nicole et Arnauld, également jansénistes, n'allèrent jamais aussi loin. Au moment où Pascal écrit ces pages impérissables, il est philosophe, il est disciple de Descartes, il croit à la raison, à la science et au progrès.

Pour ce qui concerne l'objet de ce fragment, c'est-à-dire les droits de la science et la méthode des sciences physiques, Pascal eut pour devanciers Galilée, Bacon et Descartes. Il nous paraît à propos de caractériser en quelques mots l'œuvre logique de ces trois grands hommes, pour comprendre celle de notre auteur et la replacer dans son véritable milieu.

C'est à un point de vue polémique et dans une apologie que Galilée a touché à la question des rapports de la science et de l'autorité. En 1613, il avait publié ses lettres sur les taches solaires, où il adhérait au système de Copernic. Depuis longtemps, le système de Copernic ne portait ombrage à personne. Mais il devint un crime chez Galilée, quand sa découverte des taches solaires vint contredire le principe péripatéticien de l'incorruptibilité du ciel. De là des attaques et des intrigues ; de là, par contre, un mémoire judicieux, éloquent parfois, sous forme de lettre à la grande duchesse de Toscane, Christine (1615). L'Écriture sainte enseigne-t-elle l'astronomie et la physique ? Non, répond Galilée, avec saint Augustin, saint Jérôme et le cardinal Baronius, qui lui a dit à lui-même : « L'Écriture montre comment on va au ciel, mais non comment va le ciel. » La Bible parle, suivant l'opinion commune, des choses naturelles, livrées aux disputes des hommes ; et c'est agir en ennemi de la religion que de couvrir de son autorité des théories qui peuvent, dans la suite, être reconnues fausses. Voilà ce que Galilée établit dans sa lettre à la Grande-Duchesse, avec un admirable bon sens et une grande abondance de faits et de souvenirs. Aux péripatéticiens, ses adversaires, il oppose cet argument *ad hominem*, qu'en prenant au pied de la lettre les textes de la Bible, on y trouverait facilement des armes contre la cosmologie d'Aristote (1).

Comment Galilée entendait-il la méthode applicable à la physique ? En face des partisans fanatiq..es d'Aristote, .. déclare que le livre du physicien est la nature, qu'il faut faire passer avant tout les faits, puis les hypothèses quand on ne peut pas mieux faire, sauf à abandonner toute hypothèse contraire aux résultats obtenus. D'autre part, il recommande l'emploi du calcul, pour déchiffrer ce livre de la nature, dont les caractères sont des triangles, des carrés, des cercles, des cônes et des pyramides. Esprit large et positif, en même temps qu'il fait appel à des principes philosophiques sainement compris, tels que l'idée d'ordre et les causes finales, il perfectionne tous les instruments d'observation et de mesurage.

Armé de cette méthode, il confirme, en astronomie, le système de Copernic, réfute celui de Tycho-Brahé et prépare Newton. En physique, il crée la mécanique des solides et accumule les découvertes sur la pesanteur, la chaleur, l'acoustique et l'optique. Enfin, c'est avec cette méthode qu'il écarte les prétendus principes reçus par tradition, non vérifiés. Les péripatéticiens disaient : il est de l'essence des corps incorruptibles, comme l'éther et les astres, d'exécuter des mouvements circulaires autour du monde. Galilée oppose à cela toute l'astronomie nouvelle. Il est de l'essence des corps légers de monter en ligne droite et des corps pesants de descendre en ligne droite. Non, répond Galilée; tous les corps sont pesants; il n'y a de différence que du plus ou moins. — A ceux qui nient les phases de Vénus et de Mars ou les satellites de Jupiter, il dit de regarder dans un télescope; et, quand le professeur Libri meurt sans avoir voulu se servir de cet instrument d'illusion et d'extravagance, Galilée se contente de dire que le défunt, n'ayant pas voulu voir ici-bas les satellites de Jupiter, les verra peut-être en passant pour se rendre dans le ciel (2).

Bacon n'est pas inventeur, comme Galilée, Descartes et Pascal; mais il aime passionnément la science; il jette un regard d'aigle sur son passé, et pressent son avenir avec une

---

(1) Voir, dans le *Galilée* de Th.-H. Martin, pages 60 et suiv. une analyse étendue de la lettre à Christine. Je ne sais si Pascal connaissait ce document, mais il cite les *Dialogues* de Galilée, dans la conclusion des traités *De l'Équilibre des liqueurs* et *De la Pesanteur de l'air. Œuvres*, édit. de 1819, t. IV, p. 278.

(2) Consultez sur les découvertes et la méthode de Galilée, toute la *deuxième* partie du livre déjà cité de Th.-H. Martin.

sorte d'instinct divinatoire. Dans son *Instauratio magna*, il fait l'apologie des sciences et critique les anciennes méthodes, avant d'indiquer la véritable. C'est là que l'on peut saisir, à travers des différences notables, les points de ressemblance avec Pascal.

Les premières objections contre le projet de rénovation des sciences sont faites au nom de la religion (1). Cette entreprise, dit-on, n'est-elle pas inspirée par l'orgueil ? C'est le contraire, répond Bacon; en substituant la puissance de la méthode à celle de la pensée individuelle, on impose à tous les esprits une loi commune. Au lieu d'évoquer son génie et de lui demander des oracles, on pratique cette humilité majestueuse (2) qui soumet toujours les idées à la réalité des choses. — Mais la religion n'a-t-elle rien à craindre d'une science fondée sur les perceptions des sens ? — Salomon et saint Paul n'ont condamné, dans les sciences humaines, qu'une ambition qui leur fait franchir leurs limites; mais, dirigée par la charité, la contemplation de la nature est sans danger. Est-il nécessaire d'ignorer les causes secondes pour adorer la cause première ? Les ignorer ou les méconnaître, c'est garder l'erreur par piété, c'est mentir pour Dieu, et, comme dit Job, immoler à l'auteur de toute vérité l'immonde hostie du mensonge. « L'expérience le prouve; si quelques gouttes de philosophie ont pu exciter à l'athéisme, la philosophie ramène à la religion celui qu'elle abreuve à longs traits. »

Après la religion, c'est la politique et la raison d'État que l'on oppose aux sciences. Mais, comme l'a dit le pape Pie V, la raison d'État est une fiction des méchants, et les plus grands politiques n'ont jamais été ennemis des savants et de l'étude.

Du reste, en faisant l'apologie de la science, Bacon entend bien qu'elle doit se débarrasser de ses vieux abus. On se passionne pour les mots : formules d'école au moyen age, idolâtrie du beau langage depuis la Renaissance. On tombe dans une crédulité excessive; témoin les erreurs de l'astrologie, de l'alchimie, de la magie. On pousse jusqu'à la superstition le respect de l'antiquité. Sous l'empire d'Aristote, les moines enfermaient leurs âmes dans ses écrits comme leurs corps dans des cellules. Mais une doctrine dérivée d'Aristote ne s'élèvera jamais au-dessus d'Aristote. Il ne faut ni dédaigner l'antiquité,

---

(1) Voir la première partie de l'*Instauratio magna*, intitulée *De dignitate et augmentis scientiarum*, lib. I. L'apologie contenue dans ce premier livre correspond au mot *dignitas* qui figure dans le titre.

(2) Expression de Macaulay.

ni l'aimer avec excès. Antiquité du temps, jeunesse du monde : *antiquitas sœculi, juventus mundi.*

Pour parler de la méthode avec une pleine autorité, il faut avoir fait des découvertes, et Bacon n'en a pas fait. Cependant on ne peut lui contester une vive et forte conception de la méthode expérimentale, par opposition aux habitudes d'investigation des philosophes du moyen âge et du xvie siècle. Il a raison d'opposer, aux *a priori* de l'argumentation syllogistique, la considération du réel et l'emploi de l'induction, à quelques expériences banales et mal faites, une manière savante d'interroger la nature, aux généralisations à perte de vue, des conclusions modestes. Par cet ensemble de préceptes qui soutient l'esprit depuis ses premières perceptions jusqu'aux applications dernières, Bacon sert de modèle à Herschell, à Whewell, à Stuart Mill. Mieux que personne, il combat tout à la fois l'idéalisme et l'empirisme, en faisant la part des sens et de l'activité intellectuelle. Il méconnaît malheureusement deux choses : l'importance de l'hypothèse et la nécessité du calcul.

Descartes ne se borne pas à réformer la méthode de telle ou telle science, il transforme l'esprit philosophique. Rappelant la pensée à elle-même, comme autrefois Socrate, il lui donne la conscience de sa force et de ses droits. Chez lui, le doute devient la critique. A égale distance du scepticisme et de la méthode autoritaire, il établit le critérium de l'évidence. Tout en fondant une école des plus brillantes, il s'élève au-dessus de toutes les écoles, parce qu'il affranchit les esprits en les guidant. Désormais la philosophie ne sera plus la propriété d'un maître, mais le patrimoine de l'humanité.

Dans les sciences de la nature, comme dans toutes les autres (l'histoire et la politique exceptées), Descartes prodigue les idées et les inventions. Sans doute, il s'égare plus d'une fois ; mais ses erreurs même sont fécondes. La question des rapports de la raison et de la foi, traitée d'une façon paradoxale par Pomponat, sera reprise, sous l'influence de Descartes, par Régis, Jacquelot, Wittichius, Leibnitz.

Comme l'auteur des *Pensées* relève de Montaigne et de l'abbé de Saint-Ciran, celui de l'*Autorité en matière de philosophie* se rattache à Galilée, à Bacon et à Descartes.

Si maintenant nous voulons comprendre pourquoi, même après ces grands hommes, Pascal avait le droit de parler de la méthode expérimentale et le devoir de revendiquer la liberté scientifique, il faut revenir sur des faits qui n'ont été qu'effleurés dans la précédente notice.

En 1644, le P. Mersenne avait apporté en France la nouvelle des expériences de Torricelli sur l'ascension des liquides dans

les tubes fermés. Pascal en fut instruit par M. Petit, intendant
des fortifications, ami du P. Mersenne, mais sans la moindre
indication sur la cause du phénomène. Aussi se borna-t-il
d'abord à refaire ces expériences, dont il reconnut l'exactitude.
Peu de temps après, sans soupçonner encore la vraie cause,
il ne put s'empêcher de remarquer que la nature n'avait pas,
pour le vide, cette répugnance absolue que lui attribuait la
physique des écoles et qu'elle le souffrait au moins dans certaines conditions. Pour en donner la preuve complète, il
institua cette série d'expériences qu'il a décrites dans l'opuscule de 1647, intitulé : *Nouvelles expériences touchant le vide* (1).
Ces expériences originales, nombreuses, variées, qu'un riche
particulier pouvait seul entreprendre, ont dû coûter à Pascal
beaucoup d'efforts et des frais considérables. Il les expose très
clairement dans l'écrit qu'il nous a laissé, et il en déduit les
conséquences avec une grande netteté de logique. Oui, la
nature abhorre le vide; mais cette horreur est limitée; elle
n'est pas plus grande pour un grand vide que pour un petit, etc.

On voit qu'à ce moment notre physicien était loin de rompre
entièrement avec la tradition de l'école. Cependant, il rencon-
tra d'ardents contradicteurs. Un jésuite, le P. Noël, crut
devoir prendre en main la défense des anciennes doctrines. Il
écrivit à Pascal une lettre dans laquelle il déclarait ne rien comprendre à ce *vide apparent* qui paraît dans les tubes après la
descente de l'eau ou du mercure, et soutenait que ce prétendu
vide était un corps, puisqu'il avait les actions d'un corps, qu'il
transmettait la lumière (2), etc. Il faut lire cette lettre pour
avoir une idée des obstacles qui s'opposaient alors au progrès
des sciences expérimentales. La réponse de Pascal est un chef-
d'œuvre de logique et de style et on y reconnaît un esprit tout
cartésien. Il reproche au P. Noël d'opposer des hypothèses à
des faits, de tirer argument de choses dont on ignore la nature,
de la lumière par exemple, d'oublier que l'on ne doit porter un
jugement décisif sur la vérité ou la fausseté d'une proposition
que lorsqu'on a pour soi l'évidence immédiate ou déduite (3),
etc. Le P. Noël, ne se tint pas pour battu, et il fit paraître
un traité intitulé : *Le plein du vide*. La dédicace de ce traité est
curieuse. S'adressant au prince de Conti, le P. Noël représente
la nature comme injustement accusée d'un tort qu'elle n'a pas.
« Si elle était connue de chacun comme elle l'est de Votre

(1) *OEuvres*, édit. de 1819, t. IV, p. 42.
(2) Voir cette lettre dans les *OEuvres* de Pascal; édit. de 1819,
p. 59.
(3) *Ibid.*, p. 65 et suiv.

Altesse, à qui elle a découvert tous ses secrets, elle n'aurait été accusée de personne......; elle espère, Monseigneur, que vous lui ferez justice de toutes ces calomnies, etc (1). »

Toutes ces discussions devaient conduire Pascal à réfléchir de plus en plus profondément aux causes de l'ascension du mercure dans les tubes fermés. Sur ces entrefaites, il fut informé de l'opinion de Torricelli, qui attribuait ce phénomène à la pression de l'air sur la cuvette à mercure. La vérité était trouvée. Mais il fallait en donner la preuve. Ce fut la gloire de Pascal.

Jusque-là, on s'était borné à faire varier soit les instruments d'expérience, soit les liquides employés; et l'on avait constaté, dans ces cas divers, des uniformités dont la cause restait à connaître. Mais, pour déterminer cette cause avec précision, il fallait, après l'avoir pressentie, l'isoler et la mettre seule en présence des faits. Pour employer le langage de Stuart Mill, après la méthode de concordance, qui peut donner des idées et mettre sur la voie des découvertes, il fallait, pour trancher le débat entre plusieurs explications possibles, recourir à cet instrument plus puissant et plus sûr qu'on appelle la méthode déductive. C'est ce que comprit Pascal, lorsqu'il imagina de faire varier la pression atmosphérique sur la surface de la cuvette à mercure. Il sera prouvé, se dit-il, que le poids de l'air est la cause de l'ascension du liquide dans le tube de Torricelli, si la hauteur de la colonne barométrique est moindre au sommet qu'au bas d'une montagne; car l'air diminue de masse dans les hautes régions, tandis que l'on ne peut pas admettre que la nature abhorre le vide au pied d'une montagne et le souffre au sommet. En conséquence, Pascal donna ses instructions à son beau-frère, Périer, pour l'expérience du Puy-de-Dôme. On sait le reste. Tout le monde peut lire, dans le 4° volume des *OEuvres complètes*, l'émouvant récit de cette expérience. Périer s'empressa d'en faire connaître les résultats à son beau-frère, qui les confirma par de nouvelles observations faites au pied et au sommet de la tour Saint-Jacques-la-Boucherie. Désormais la maxime de l'horreur du vide n'était plus qu'une chimère, et Pascal pouvait dire : « Que tous les disciples d'Aristote assemblent tout ce qu'il y a de fort dans les écrits de leur maître et de ses commentateurs, pour rendre raison de ces choses par l'horreur du vide, s'ils le peuvent : sinon, qu'ils reconnaissent que les expériences sont les véritables maîtres dans la physique (2). »

_____

(1) Pascal, *OEuvres*, t. IV, p. 89.
(2) Conclusion des deux traités *De l'Equilibre des liqueurs* et *De la Pesanteur de l'air. OEuvres*, t. IV, p. 281.

Nous venons de voir Pascal pratiquer supérieurement la méthode expérimentale; il a donc le droit d'en parler. Nous l'avons vu aussi aux prises avec le préjugé antique, dont il a lui-même subi l'influence; il a donc le devoir de signaler et de combattre cet ennemi du progrès scientifique. C'est ce qu'il va faire dans le morceau intitulé *De l'autorité en philosophie*, et ce fragment de préface restera comme un des plus beaux monuments de la prose française, parce que, chez Pascal, le savant est doublé d'un écrivain et d'un philosophe.

Dès le début, à la manière de Descartes, il trace une ligne de démarcation entre les divers ordres de science, dont les unes relèvent de l'autorité, les autres de l'observation et du raisonnement. Les premières sont l'histoire, la géographie, la jurisprudence, les langues et surtout la théologie; les secondes sont les mathématiques, la musique, la physique, la médecine et l'architecture. Avec un sentiment profond des conditions de ces diverses sciences, il défend, dans les unes, les droits de l'autorité et s'élève contre ces téméraires qui produisent des nouveautés en théologie; mais, en même temps, quelle ferme revendication de la liberté pour les sciences d'observation et de raisonnement! Comme il montre l'immensité de la carrière ouverte à l'observateur! Quelle magnifique expression du travail continu de la nature et de celui que la science poursuit parallèlement, *sans fin et sans interruption!* On pense à Humboldt s'écriant que l'espace ne manquera jamais à l'exploration scientifique et que les conquérants de la pensée ne connaîtront pas le regret d'Alexandre (1).

La raison nous ordonne de respecter les anciens, mais la raison borne elle-même ce respect. Il faut respecter les anciens parce que les connaissances qu'ils nous ont léguées ont servi de degrés aux nôtres. Il faut borner ce respect, parce que les anciens eux-mêmes n'ont pas fait difficulté d'aller au-delà de leurs prédécesseurs, et parce que le temps est nécessaire à l'étude de la nature. « Les secrets de la nature sont cachés; quoiqu'elle agisse toujours, on ne découvre pas toujours ses effets : le temps les révèle d'âge en âge, et quoique toujours égale en elle-même, elle n'est pas toujours également connue. Les expériences qui nous en donnent l'intelligence multiplient continuellement; et, comme elles sont les seuls principes de la physique, les conséquences multiplient à proportion. » Voilà des vérités qui ont été bien souvent exprimées depuis Pascal. Mais il y a, dans notre auteur, un je ne sais quoi qui les rend nouvelles, qui en augmente la force et l'évidence. C'est qu'elles

_____

(1) Voir le 1ᵉʳ volume du *Cosmos*.

sont traduites par un homme de génie, et qu'elles viennent en leur temps, c'est-à-dire en face des préjugés contraires. Elles reçoivent leur expression vivante et complète, parce qu'elles ont à vaincre des obstacles, semblables à l'eau qui jaillit avec d'autant plus de force qu'elle a été plus violemment comprimée.

Le contraste de l'instinct et de la raison complète, par une grande vue psychologique, l'argumentation qui précède, et ramène l'idée du progrès, en lui donnant un nouveau degré de profondeur et de généralité. On fait un crime de contredire les anciens; n'est-ce pas méconnaître la différence qui existe entre l'instinct et la raison? L'instinct est toujours le même et les ruches d'abeilles étaient, il y a mille ans, ce qu'elles sont aujourd'hui. L'homme, au contraire, est né *pour l'infinité*; *il est dans l'ignorance au premier âge de sa vie; mais il s'instruit sans cesse dans son progrès*. La raison, le progrès : deux choses corrélatives dont Pascal saisit admirablement le rapport. Cette grande doctrine du progrès ne date pas seulement de Condorcet et du XVIIIe siècle. On la trouve indiquée dans Bacon et Descartes; mais nul ne l'a exprimée comme Pascal. Combien de fois la critique n'a-t-elle pas remarqué cette idée aussi vraie qu'ingénieuse, qui transporte dans l'antiquité la jeunesse de l'esprit humain et sa vieillesse dans les temps modernes, et compare le genre humain tout entier à un même homme qui subsisterait toujours et qui apprendrait continuellement.

Enfin, pour revenir à la question du vide, les anciens ont eu raison de dire que la nature n'en souffrait point, parce que leurs expériences ne leur montraient pas autre chose. Mais si les nouvelles expériences leur avaient été connues, peut-être auraient-ils trouvé sujet d'affirmer ce que jusque-là ils avaient eu sujet de nier.

Tel est, en résumé, le fragment sur le vide, cet éloquent plaidoyer contre les partisans fanatiques d'Aristote. La philosophie de Descartes, la méthode de Bacon et de Galilée s'y retrouvent, avec le souvenir des travaux personnels, des luttes contre autrui et contre soi-même, avec le style et l'âme de Pascal.

2. — DE L'ESPRIT GÉOMÉTRIQUE. — On s'accorde aujourd'hui à réunir, sous ce titre commun, deux rédactions incomplètes d'un même travail, que l'éditeur Bossut avait intitulées : *Réflexions sur la géométrie en général* et *De l'Art de persuader*. Le titre *De l'esprit géométrique* est employé par les logiciens de Port-Royal, dans un passage du *Premier discours*, où les deux fragments sont clairement désignés par les emprunts qu'on doit leur faire. Du reste, il exprime bien la

pensée dominante de ces deux écrits, savoir, que les habitudes intellectuelles auxquelles nous façonnent les mathématiques doivent s'étendre au-delà de cette science, et que, si
l'on veut connaître l'art de démontrer, il faut le demander à
la géométrie, qui l'enseigne par ses exemples mieux que la
logique des écoles par ses discours. Condillac, au xviiie siècle,
reprendra la même thèse ; il composera sa *Langue des calculs*
pour convertir, dit Laromiguière, les jargons inintelligibles des
sciences morales et métaphysiques, en autant de belles langues
que tout le monde apprendra facilement (1).

A quelle époque de la vie de Pascal faut-il rapporter ces
deux écrits ? Sainte-Beuve soupçonne, d'après quelques mots,
que le second fragment l'*Art de persuader,* est d'une époque
antérieure à la grande conversion (2). Mais ce n'est qu'un
soupçon, et l'éminent critique ne cite pas les quelques mots
qui l'ont fait naître. D'autre part, suivant un commentateur de
grande autorité, M. Havet, on peut, sans invraisemblance,
placer la composition de ces deux morceaux dans les premiers
temps de la retraite à Port-Royal. Car les sentiments religieux
de Pascal y sont déjà très vifs, sans que son esprit soit entièrement absorbé par les méditations théologiques. C'est aussi
notre avis, jusqu'à plus ample informé. Quoi qu'il en soit de
cette question de date, l'*Esprit géométrique* nous transporte bien
loin de la préface du *Traité du vide.* Pascal est décidément sur
la pente du pyrrhonisme janséniste. On s'en aperçoit à quelques
traits amers contre la nature humaine, à cette maxime que *ce
qui passe la géométrie nous surpasse,* à cette idée des deux infinis
entre lesquels l'homme est placé, enfin à un idéal chimérique
présenté comme la condition de toute démonstration parfaite.
Est-ce à dire que nous trouvons déjà le Pascal des *Pensées ?*
Pas tout à fait, puisqu'il s'occupe encore de sciences profanes,
puisqu'il appelle Montaigne l'*éminent auteur de l'art de conférer,*
puisqu'il voit, dans le *Je pense, donc je suis* de Descartes, une
suite admirable de conséquences. C'est, comme état intellectuel
et moral, une situation moyenne, une sorte de transition entre
le disciple de Descartes et l'adepte de Jansénius.

1° Analysons en quelques mots le premier fragment, qui
paraît être le commencement d'une rédaction développée,
dont le second sera une esquisse plus rapide et moins incomplète.

L'auteur se propose de donner les règles de la démonstration,
et il en cherche le modèle, non dans la méthode syllogisti-

(1) Laromiguière: *Leçon de philosophie*, t. I. p. 424, 7e édit.
(2) *Port-Royal*, t. II, p. 290, en note.

que, mais dans les mathématiques, dans ce que Port-Royal
appellera la synthèse des géomètres. « La géométrie enseigne
parfaitement, par ses exemples, l'art de démontrer, quoiqu'elle
n'en produise aucun discours. »

Avant d'en donner la preuve, Pascal croit devoir parler d'une
méthode éminente, d'une sorte d'idéal inaccessible à la géométrie et, par suite, à l'intelligence humaine, « car ce qui
passe la géométrie nous surpasse ». Comme cette méthode
parfaite consisterait à tout définir et à tout démontrer, il faut
parler d'abord des définitions géométriques, qui ont un caractère spécial. Ce sont des définitions de noms, qui ont pour
but, non pas d'expliquer la nature des choses, mais *d'éclaircir
et d'abréger le discours.* Désigner clairement un objet, et lui
donner un nom que l'on destitue de tout autre sens : voilà les
définitions géométriques. Il est vrai que ces définitions sont
libres, et que cette liberté d'imposer des noms peut produire
des équivoques dans la suite du raisonnement, mais d'abord
il ne faut pas en abuser ; ensuite on prévient l'équivoque en
substituant toujours la définition aux termes courts que l'on
n'emploie *que pour éviter la confusion que la multitude des
paroles apporte.* Cette page sur la définition géométrique a été
souvent citée avec éloge par les condillaciens, qui ramenaient
toute définition à une définition verbale. Elle fait déjà comprendre à ceux même qui ne pensent pas comme Condillac et
son école, comment la géométrie donne cet esprit de netteté
que Pascal a surtout en vue dans cet opuscule.

Revenons à la méthode éminente et accomplie. Si l'homme
était parfait, il pourrait tout définir et tout démontrer à l'infini.
Mais cela dépasse l'intelligence humaine ; les hommes sont
donc incapables de traiter quelque science que ce soit dans
un ordre absolument accompli.

Cette singulière théorie se rattache à des idées qui prennent
sur Pascal un empire chaque jour plus grand. Le futur auteur
des *Pensées* voit déjà la science humaine entre deux infinis,
comme l'homme lui-même. A ses yeux, c'est la *nature,* non la
raison, qui nous force de nous arrêter à certains principes.
Comment faut-il juger une telle doctrine ? Lorsque Leibnitz
déclare qu'il faut tout démontrer, même les axiomes, c'est
une vue profonde et acceptable en un certain sens. Y a-t-il
quelque chose de semblable dans Pascal ? Nous ne le pensons
pas. Opposer, comme il le fait, la nature à la raison, c'est
oublier que raison et nature sont inséparables quand il s'agit
de l'homme. Parler d'une régression de preuves à l'infini, c'est
énoncer l'inconcevable.

A défaut de l'ordre accompli, poursuit Pascal, contentons-nous de l'ordre le plus parfait entre les hommes. C'est ce que fait la géométrie, cette *science judicieuse*, qui ne se pique pas de tout définir et de tout prouver. Elle nous apprend à nous tenir dans ce milieu « de ne point définir les choses entendues de tous les hommes et de définir toutes les autres, et de ne point prouver toutes les choses connues des hommes, et de prouver toutes les autres ».

Ainsi la géométrie ne définit pas l'espace, le temps, le mouvement, le nombre, l'égalité ; elle a raison, car rien n'est plus faible que les discours de ceux qui veulent les définir, et la nature s'est chargée de nous en donner une idée plus claire que toutes les définitions. Ce n'est pas que nous connaissions par là l'essence de la chose, mais nous savons tous, et cela suffit, quelle est la chose que le nom désigne. Quand on s'occupe de l'essence des choses, les opinions varient ; c'est ainsi que, suivant les uns, le temps est le mouvement d'une chose créée, et que, suivant les autres, il est la mesure du mouvement. Il est donc essentiel de ne pas se donner, dans ces définitions qui peuvent être contestées, la liberté qui est permise dans les définitions géométriques. On doit bien entendre cela pour avoir l'*esprit de netteté*, pour éviter la confusion qui règne ordinairement dans les disputes. Pascal s'élève avec force contre ceux qui ne font pas ces distinctions : « Confondant les définitions qu'ils appellent définitions de nom, qui sont les véritables définitions libres, permises et géométriques, avec celles qu'ils appellent définitions de choses, qui sont proprement des propositions nullement libres, mais sujettes à contradiction, ils s'y donnent la liberté d'en former aussi bien que des autres ; et chacun définissant les mêmes choses à sa manière, par une liberté qui est aussi défendue dans ces sortes de définitions que permise dans les premières, ils embrouillent toute chose, et, perdant tout ordre et toute lumière, ils se perdent eux-mêmes et s'égarent dans des embarras inexplicables. » On voit à l'énergie de ce langage, ce que notre exact géomètre a dû souffrir au contact de certains raisonneurs mal habiles ou de mauvaise foi. La logique devient éloquente en face du sophisme.

Pourquoi la géométrie ne définit-elle pas l'espace, le temps, le nombre, etc., qui sont ses principaux objets ? Parce que ce sont choses simples et, par conséquent, indéfinissables. Du reste, ces choses simples, dont s'occupe *cette admirable science*, sont liées l'une à l'autre par des rapports nécessaires et tout leur est soumis dans le monde matériel : *Deus fecit omnia, in pondere, in numero, in mensura.*

De même que la géométrie ne définit pas ce qui s'entend de

soi-même, de même elle ne prouve pas ce qui n'a pas besoin
de preuve. Il y a notamment une propriété merveilleuse de
l'espace, du temps, etc., que la géométrie suppose sans la
démontrer: c'est la double infinité dont ses grandeurs sont
susceptibles. La géométrie s'abstient de démontrer cette propriété *par cette seule et avantageuse raison* que rien au monde
n'est plus évident.

Quelques-uns, cependant, nient la divisibilité de l'espace à
l'infini, sous prétexte qu'ils ne peuvent la comprendre. Mais
placés, comme nous le sommes, dans un monde d'apparence
et de mensonge, et incapables de voir directement la vérité,
nous n'avons souvent d'autre indice pour la reconnaître que
la fausseté manifeste de la proposition contraire. C'est ce qui
a lieu pour la divisibilité de l'espace à l'infini. Le moyen, en
effet, d'arriver à des indivisibles en divisant toujours un espace?
« Qu'ils s'exercent à ranger des points en carrés, jusqu'à ce
qu'ils en aient rencontré deux dont l'un ait le double de points
de l'autre ; et alors, je leur fais céder tout ce qu'il y a de
géomètres au monde. » Dira-t-on que des indivisibles peuvent
former une étendue sans être étendus, comme l'unité forme
les nombres sans être un nombre ? Mais la comparaison est
inexacte. L'unité est homogène au nombre, elle est de même
genre, quoique, pour abréger le discours, on l'ait quelquefois
distinguée du nombre quant au nom. Les indivisibles, au contraire, diffèrent de l'étendue, non seulement par le nom, mais
par le genre; et, pour qu'il y eût parité, il faudrait assimiler
l'étendue au nombre et les indivisibles à des zéros. Ce même
rapport a lieu entre le repos et le mouvement, entre un instant
et la durée. Étendue, nombre, mouvement, durée : « Toutes
ces grandeurs sont divisibles à l'infini, sans tomber dans leurs
indivisibles, de sorte qu'elles tiennent toutes le milieu entre
l'infini et le néant. » Ajoutons, que les deux infinités en
grandeur et en petitesse sont relatives l'une à l'autre, en sorte
que la connaissance de l'une mène nécessairement à la connaissance de l'autre. « Ceux qui ne sont pas satisfaits de ces
raisons..... ne peuvent rien prétendre aux démonstrations géométriques..... Mais ceux qui verront clairement ces vérités
pourront admirer la grandeur et la puissance de la nature
dans cette double infinité qui nous environne de toutes parts ;
et apprendre par cette considération merveilleuse à se connaître eux-mêmes, en se regardant placés entre une infinité et
un néant d'étendue, entre une infinité et un néant de nombre,
entre une infinité et un néant de mouvement, entre une infinité et un néant de temps. Sur quoi on peut apprendre à s'estimer à son juste prix, et former des réflexions qui valent

mieux que tout le reste de la géométrie même. » Nous n'avons pu nous empêcher de citer un peu au long cet admirable passage, qui résume largement toute la discussion précédente et en présente la conclusion morale avec autant de simplicité que de grandeur. Arnauld, dans la 4e partie de la *Logique* de Port-Royal, dira qu'il faut se fatiguer l'esprit sur ces mystères, pour se donner à soi-même une leçon d'humilité. Mais il y a une réserve à faire sur le fond de la doctrine. Cette infinité que Pascal vient d'apercevoir dans les notions mathématiques, il la transporte dans le monde réel : voilà ce qui est contestable. Galilée comprenait mieux, ce semble, la différence de l'idéal et du réel contingent, lorsque, interrogé sur l'éternité du soleil, il répondait : *eterno, no ; ma ben antico* (1).

2° Le second fragment sur l'*Esprit géométrique* a été intitulé par l'abbé Bossut : *De l'art de persuader.* Ce titre est-il exact ? Non, en ce sens, car Pascal, d'accord avec les auteurs de toutes les rhétoriques, déclare que persuader comprend deux choses : convaincre et agréer. Or, de ces deux objets, il négligera le second, pour ne s'occuper que de la démonstration. Cependant l'impropriété du terme employé par Bossut est excusable, parce qu'elle a été commise plus loin par Pascal lui-même (2). « Cet art que j'appelle art de persuader et qui n'est proprement que la conduite de la preuve méthodique parfaite, comprend trois parties, etc. » Il est donc entendu qu'il s'agit, dans ce morceau, des règles de la démonstration.

Cela dit, essayons d'en faire l'analyse.

Dans les réflexions que fait Pascal sur l'art d'agréer, pour arriver à dire qu'il ne s'en occupera pas, il faut remarquer premièrement, la sévérité avec laquelle il juge l'*agrément*, c'est-à-dire l'intervention de la sensibilité dans nos rapports avec le vrai ; secondement, son opinion sur la difficulté, ou plutôt, sur l'impossibilité de soumettre l'agrément à des règles et de le réduire en art.

« L'habitude de croire non par la preuve mais par l'agrément est une voie basse, indigne, étrangère. » En matière religieuse, c'est différent : les choses divines entrent du cœur dans l'esprit et non de l'esprit dans le cœur. Mais, dans les

(1) Voyez aussi dans l'ouvrage de Th.-H. Martin sur *les sciences et la philosophie*, la belle dissertation intitulée : *Dieu, le monde et l'infini mathématique*. Elle peut se résumer ainsi : Dieu est la réalité infinie ; le monde est la réalité finie, l'infini mathématique, un idéal indéfini.

(2) Nous parlons d'*impropriété*. N'y a-t-il pas autre chose ? Une sévérité systématique, un parti pris janséniste de ramener toute l'éloquence à la preuve ?

choses naturelles, ne croire que ce qui nous plaît, c'est corrompre l'ordre véritable. Pascal est donc sévère pour les sentiments naturels, en tant qu'ils se mêlent à nos jugements; dans tout ce qu'il dit sur ce sujet, la sensibilité ne reçoit pas d'autres noms que ceux de *volupté* et de *caprice*.

Cette manière de voir offre un mélange de vérité et d'erreur. Il est très vrai que nous ne devons pas croire ce qui nous plaît sans avoir des preuves et parce que cela nous plaît. Il est encore malheureusement vrai que, dans certains cas où la vérité ne nous subjugue pas par son évidence, nous ne croyons que ce qui nous agrée. « Cette âme impérieuse, qui se vantait de n'agir que par raison, suit, par un choix honteux et téméraire, ce qu'une volonté corrompue désire. » Mais Pascal oublie que, dans nos rapports avec le vrai, nous ne devons pas bannir entièrement la sensibilité. Tout en réservant la question délicate de l'origine psychologique du jugement, on peut dire que le cœur a sa part dans notre adhésion au vrai. Platon l'avait bien compris, lui qui mêlait l'amour à la dialectique, et Pascal lui-même n'est-il pas un écrivain aussi passionné que lucide et judicieux? On voit qu'en écrivant ce morceau, notre auteur entrait déjà dans ces sentiments de défiance contre la nature humaine qui devaient être poussés au dernier point dans les *Pensées*.

On ne peut non plus admettre sans réserve l'opinion de Pascal sur les difficultés de l'art d'agréer. Il avoue qu'à un point de vue absolu il doit y avoir des règles pour plaire comme pour démontrer, et que, si on les connaissait, on arriverait à se faire aimer comme à prouver un théorème. Mais on ne peut les connaître : le cœur humain, tel qu'il nous apparaît, ne nous offre qu'inconstance et caprice. Voilà qui n'est pas encourageant pour ceux qui enseignent la rhétorique.

Mais ici encore l'exagération est palpable. Sans doute, on ne peut gouverner les émotions du cœur aussi sûrement que l'on dirige, par la démonstration, les pensées de l'esprit; mais on le peut en une certaine mesure. Les moralistes et les maîtres de l'art oratoire ont fait, sur le cœur humain, des observations généralement vraies, auxquelles chacun de nous peut ajouter les siennes, et ces observations permettent d'exercer une action sur la sensibilité morale, quelque diverse et ondoyante qu'elle soit. Du reste, cette sensibilité si mobile et si capricieuse a ses lois comme tout le reste. Quand Pascal nous dit que les principes du plaisir ne sont pas fermes et stables, j'en conviens, s'il s'agit de comparer la sensibilité à la raison et surtout de lui demander une règle de conduite. Mais, cette part faite à la mobilité de nos sentiments, il faut reconnaître que certaines inclinations existent chez tous les hommes et s'y développent avec ordre (1). Le plaisir est chose à laquelle on ne comprend rien quand on le considère en lui-même, à la manière d'Épicure, mais tout s'explique et devient clair lorsqu'on rattache le plaisir et la douleur à leur principe, comme l'ont fait Aristote, Spinosa, Jouffroy et, plus récemment, M. Bouillier.

Arrivons maintenant à l'art de démontrer, objet véritable de ce fragment comme du précédent.

Cet art se ramène tout entier à quelques règles sans lesquelles une démonstration est sans force, mais qui, bien observées, ne laissent aucune place au doute. Pascal en donne d'abord huit; puis il les réduit à cinq : deux pour les définitions, une pour les axiomes, deux pour les démonstrations; et c'est tout. Ici une remarque se présente à l'esprit. Tous les modernes, en France du moins, s'efforcent de simplifier les méthodes. Descartes remplace par quatre règles les complications de la syllogistique et celles de l'analyse des anciens et de l'algèbre des modernes. Les logiciens de Port-Royal réduisent à une seule les innombrables règles du syllogisme. Condillac voudra simplifier plus encore (trop selon nous), en ramenant la synthèse à l'analyse, le raisonnement au calcul, à une substitution de mots, à une opération mécanique. Pascal, en formulant ces règles si simples et si peu nombreuses, se rattache donc à la vraie tradition française, en même temps qu'il atteint le but qu'il se propose, *l'esprit de netteté.*

Cette simplicité même donne lieu à trois objections : 1° cette méthode n'a rien de nouveau; 2° elle est trop facile, puisqu'il suffit de retenir deux ou trois mots; 3° elle est peu utile, puisqu'elle se renferme dans les seules matières géométriques. A l'encontre de ces trois objections, notre auteur se propose d'établir qu'il n'y a rien de si inconnu que cette méthode, rien de plus difficile à pratiquer, rien de plus utile et de plus universel; mais il ne développe que le premier point.

Sur quoi se fonde-t-on pour soutenir que cette méthode n'est pas nouvelle? On dit que ces règles se trouvent dans certaines logiques. Mais, répond Pascal, « ceux qui ont l'esprit de discernement savent combien il y a de différence entre deux mots semblables, selon les lieux et les circonstances qui les accompagnent ». Ainsi, le *je pense, donc je suis* se trouve également dans Descartes et dans saint Augustin. Mais ce mot appartient

(1) Pascal lui-même reconnaît l'existence de *désirs naturels, communs à tous les hommes,* tout en les regardant à tort comme *pernicieux.*

à Descartes, parce « qu'il y a de la différence entre écrire un mot à l'aventure, sans y faire une réflexion plus longue et plus étendue, et apercevoir dans ce mot une suite admirable de conséquences ». Même différence entre le logicien qui formule une règle en passant et sans se douter de ce qu'elle renferme et celui qui est véritablement entré dans l'esprit de la science géométrique.

Pascal, en terminant, immole un peu les logiciens aux géomètres. « La méthode de ne point errer est recherchée de tout le monde. Les logiciens font profession d'y conduire ; les géomètres seuls y arrivent... Voilà ce que je sais par une longue expérience de toutes sortes de livres et de personnes. » Avouons que la géométrie est la science démonstrative par excellence ; mais il y a certainement un peu d'exagération dans ce que dit Pascal.

Du reste, il n'a pas tort d'attaquer l'abus de la forme syllogistique. « Ce n'est pas *barbara* et *baralipton* qui forment le raisonnement. Il ne faut pas gainder l'esprit..... je hais ces mots d'enflure. »

C'est sur ce trait que se termine le morceau de Pascal. On voit qu'il n'a pas eu le temps de répondre aux deux autres objections qu'il suppose dirigées contre sa méthode, savoir qu'elle est trop facile et d'une application restreinte. On pourrait suppléer à son silence. Pour prouver que cette méthode si simple est réellement difficile à pratiquer, il suffirait de rappeler les logomachies qui remplissent les discussions de certains esprits subtils ou inconséquents, ou même les erreurs de logique commises par des géomètres célèbres, par Euclide notamment. Arnauld, dans la 4e partie de la *Logique de Port-Royal*, montre que ce grand mathématicien a péché plusieurs fois contre les règles de la définition et de la démonstration. Pour réfuter la troisième objection, savoir que ces règles ne s'appliquent qu'à la géométrie, on en montrerait l'emploi dans toutes les sciences déductives, dans le droit, la théologie, la morale, aussi bien que dans les mathématiques.

En résumé, le faux se mêle un peu au vrai dans ce second fragment, à propos de l'art d'agréer, de la démonstration, du syllogisme, etc. Mais n'oublions pas la pensée dominante des deux morceaux que nous venons d'analyser, *l'esprit de netteté*. N'oublions pas non plus que l'écrivain est toujours le même, qu'il s'agisse de géométrie ou d'autre chose.

3. — ENTRETIEN DE PASCAL AVEC M. DE SACY. — Pascal n'est pas seulement physicien et mathématicien, il est moraliste. On ne doit donc pas s'étonner qu'il ait connu la méthode applicable aux sciences morales. Il paraît utile de l'envisager sous ce der-

nier aspect, pour compléter les études précédentes et nous
préparer à comprendre son entretien avec M. de Sacy.

Nulle part notre auteur n'a traité *ex professo* de la méthode
des sciences morales. Mais ses vues sur cet objet se dégagent
naturellement du célèbre morceau sur l'esprit géométrique
comparé à l'esprit de finesse, de la marche qu'il a suivie dans
ses *Pensées* et de quelques passages de ce livre qui, réunis,
donnent l'idée de ce qu'on pourrait appeler la méthode
morale.

Il y a des contrastes frappants entre l'esprit géométrique et
l'esprit de finesse. En géométrie les principes sont éloignés de
l'usage commun, en sorte que l'on a de la peine à tourner la
tête de ce côté-là. Au contraire, dans les choses qui dépendent
de l'esprit de finesse, les principes sont dans l'usage commun
et, pour tourner la tête de ce côté, on n'a pas besoin de se
faire violence. Voilà un premier aperçu très juste : la géométrie roule sur des notions étrangères à la vie de chaque jour,
tandis que l'esprit de finesse s'exerce sur les choses morales,
qui sont de tous les instants. — En géométrie, les principes
sont si *gros* que le vulgaire bon sens suffit pour les comprendre;
il faudrait avoir l'esprit complètement faux pour ne pas les saisir. Mais pour l'esprit de finesse il faut autre chose que le bon
sens vulgaire; il faut avoir la vue bonne; car, « les principes
sont si déliés et en si grand nombre qu'il est presque impossible
qu'il n'en échappe ». C'est encore une réflexion très judicieuse.
La grande difficulté dans les sciences morales est de saisir tous
les aspects d'une idée, tous les côtés d'une question, tous les
principes qui interviennent, et les faux systèmes ont presque
toujours leur cause dans une vue incomplète des faits ou des
principes.

Ces contrastes montrent pourquoi il est rare que les géomètres soient fins et que les fins soient géomètres. Ce qui fait
que les géomètres ne sont pas fins, c'est qu'étant habitués aux
principes grossiers de la géométrie, « ils se perdent dans les
choses de finesse, où les principes ne se laissent pas ainsi
manier. On les voit à peine; on les sent plutôt qu'on ne les
voit ». Par exemple, dirons-nous pour justifier l'assertion de
Pascal, tandis qu'il est facile de détromper celui qui se four-
voie en mathématiques, il est difficile de ramener un homme
qui fait fausse route en littérature et qui manque de goût.
Pourquoi les fins ne sont-ils pas géomètres? D'abord ils ne
peuvent se tourner vers les *principes grossiers* de la géométrie,
qui sont éloignés du commun usage et n'attirent pas leur attention. Ensuite, les esprits fins, qui sont accoutumés à *juger
d'une seule vue*, n'aiment pas à suivre le détail des définitions et

des vérités premières, par où il est cependant nécessaire de passer pour comprendre quelque chose aux propriétés déduites.

Pascal nous donne déjà une idée de la méthode applicable aux sciences morales, quand il montre ainsi la différence qui existe entre les notions géométriques simples, précises, palpables et les principes déliés et multiples sur lesquels s'exerce la sagacité des moralistes. Maintenant on va le voir enseigner cette méthode par son exemple, dans l'ensemble du livre des *Pensées*.

On sait que le but à la fois théologique et philosophique des *Pensées* est une apologie du christianisme. Pascal veut prouver la divinité de la religion chrétienne en montrant surtout combien est vraie la doctrine du péché originel. Ce n'est pas qu'il néglige les preuves traditionnelles : miracles, prophéties, vie et doctrine de Jésus-Christ, propagation merveilleuse du christianisme. Mais il est clair que l'argument qui tient le plus de place dans son livre est celui-ci : la doctrine chrétienne de la déchéance originelle est la seule explication des mystères de notre nature.

Or, comment Pascal prouve-t-il cette dernière proposition ? Par l'étude de la nature humaine et, comme on dirait aujourd'hui, par la méthode psychologique. Son dessein est clairement indiqué dans les passages suivants : « Il faut pour qu'une religion soit vraie qu'elle ait connu notre nature » ; car « la vraie nature de l'homme, son vrai bien, la vraie vertu et la vraie religion, sont choses dont la connaissance est inséparable ». « Elle doit avoir connu la grandeur et la petitesse, et la raison de l'une et de l'autre. Qui l'a connue hors la chrétienne (1) ? »

En étudiant la nature humaine, Pascal évite les doctrines incomplètes de Montaigne et d'Epictète et saisit, dans l'homme, des contrastes qui leur ont échappé ; contrastes entre notre soif de vérité et notre ignorance, entre le désir du bonheur et cette inquiétude qui prouve qu'on ne le rencontre nulle part, entre la raison, qui condamne les passions, et les passions toujours vivantes en dépit de la raison (2).

L'observation psychologique est-elle irréprochable dans ses *Pensées*? Non, sans doute. A côté des contrariétés de notre nature, il aurait fallu en apercevoir les harmonies.

A cet égard, on pourrait donner pour correctif au livre de Pascal la psychologie de Platon, bien favorable cependant, au moins dans le *Phèdre*, au dogme de la déchéance, la théorie

(1) *Pensées*. Art. xi, 2, 3.
(2) Vinet, dans son beau livre sur Pascal, résume avec force ces aperçus psychologiques.

du bonheur et du plaisir dans la *Morale à Nicomaque* d'Aristote, l'analyse et la synthèse des motifs de nos actions dans le *Cours du droit naturel* de Jouffroy (3e leçon). Pascal force évidemment la note, en parlant de nos contradictions dans l'ordre logique et dans l'ordre moral, il obéit, dans une trop large mesure, à ce qu'on a très bien appelé l'esprit d'antithèse (1). Mais, malgré ces réserves, il demeure acquis que l'auteur des *Pensées* a fait œuvre de psychologue, et qu'il a pratiqué à sa manière le *nosce te ipsum*.

Nous avons dit qu'en réunissant quelques passages des *Pensées*, on y trouvait une véritable méthode morale indiquée, sinon complètement décrite. C'est ce qu'il faut tâcher de comprendre.

Dans l'histoire de la philosophie, les exemples ne sont pas rares de doctrines sceptiques dans leur partie spéculative, mais dogmatiques en matière de morale. C'est le cas de Cicéron. Ce qui est moins fréquent, c'est la tentative de rétablir les croyances métaphysiques, en prenant pour base la vérité morale demeurée inébranlable sous les coups de la critique. Le modèle, dans ce genre, est le système de Kant. On a quelquefois comparé Pascal au philosophe de Kœnigsberg, et ce n'est pas à tort. Tous les deux, en effet, après avoir convaincu d'impuissance la raison spéculative, trouvent le point d'appui de la croyance religieuse dans les besoins de la vie morale. Ne pense-t-on pas, *mutatis mutandis*, à la *Critique de la raison pratique*, en lisant des passages tels que celui-ci : « Quel mal vous arrivera-t-il en prenant ce parti ? Vous serez fidèle, honnête, humble, reconnaissant, bienfaisant, sincère ami, véritable ». Parler ainsi n'est-ce pas surprendre le sentiment du devoir dans la conscience de celui qui écoute et prendre ce sentiment pour donnée du problème métaphysique et religieux ? Mais n'insistons pas sur une comparaison que l'on rendrait fausse en voulant trop la préciser.

La méthode de Pascal n'est pas seulement, comme dans le criticisme, une série d'inductions ayant pour point de départ l'idée du devoir. C'est une discipline, un mode de direction, et c'est par là surtout qu'elle mérite le nom de méthode morale.

Il est entendu que le rôle de l'intelligence est réduit outre mesure. Remarquons toutefois que ses droits ne sont pas complètement méconnus. La vraie religion a ses preuves, mais des preuves qui n'ont rien de métaphysique ; elle est

---

(1) Voir, dans le *Dictionnaire des sciences philosophiques*, l'article remarquable, quoique un peu sévère, de M. Franck.

mêlée d'intérieur et d'extérieur; elle est à la fois intellectuelle et populaire (1). Pascal expose ou indique, avec une forme qui est à lui, les preuves traditionnelles du christianisme. Mais ce qui fait l'originalité de sa méthode, c'est qu'elle met en action l'homme tout entier. Nous arrivons à Dieu, d'après lui, par la vertu, par le cœur, par l'habitude, par l'intérêt personnel, même par des observances auxquelles le corps a sa part. On disputera longtemps sur les détails de cette méthode, notamment sur la règle des partis (*Pensées*, art. xi, 1), et nous avouons que, dans ce mélange de la philosophie et de la théologie, il n'est pas toujours facile de distinguer ce qui, d'après Pascal, relève de la volonté humaine et ce qu'il faut attribuer à l'action de la grâce. Cependant l'idée de l'amendement moral, en vue du progrès intellectuel se dégage incontestablement de ces fragments épars et inachevés sur la fuite des plaisirs, sur le silence et la vie cachée, sur la charité comme moyen d'arriver à la vérité. Si les exagérations de la théologie janséniste jettent parfois leur ombre sur ces préceptes, une doctrine plus humaine peut les recueillir, leur donner un sens clair et en faire son profit.

Nous avions donc raison de dire au début de cette étude que Pascal avait connu toutes les grandes directions de la pensée, et que, chez lui, le logicien était à la hauteur du physicien, du mathématicien et du moraliste.

L'entretien avec M. de Sacy est le préambule historique et l'expression anticipée de la doctrine contenue dans les *Pensées*. Les deux philosophes dont on examine les systèmes, Épictète et Montaigne, représentent, par leur opposition, ces contrastes de notre nature dont le dernier ouvrage de Pascal offrira le riche et saisissant tableau; et les idées qui serviront à comprendre ces philosophes, à les juger et à les concilier, sont les dogmes chrétiens de la déchéance originelle et de la grâce.

Épictète connaît nos devoirs; il nous enseigne la soumission à la volonté de Dieu et l'humilité. Mais il ignore notre faiblesse; il croit que nous avons en notre pouvoir les moyens de remplir nos obligations, et cette opinion le conduit à des maximes d'une superbe diabolique.

Montaigne connaît notre faiblesse: en dehors de la révélation, il met toute chose en doute; la devise *Que sais-je?* est le principe exprimé ou sous-entendu de tous ses *Essais*, soit qu'il conteste l'utilité des lois et ordonnances, soit qu'il juge, tantôt d'une manière, tantôt de l'autre, telle action humaine

---

(1) *Pensées*, art. xi. 3.

ou tel point d'histoire. Dans son apologie de Raimond de Sebonde, c'est en attaquant le savoir humain tout entier qu'il combat les hérétiques et les athées de son temps. Il comprend donc ce qui a échappé à Épictète. Mais il ignore nos devoirs, sa morale est celle d'un païen ; sa seule règle de conduite est la commodité et la tranquillité.

Que faut-il faire pour avoir une morale parfaite ? Faut-il réunir ces deux doctrines incomplètes ? Cela ne suffirait pas ; car leur opposition subsisterait dans leur rapprochement et la guerre n'aurait pas de fin. Il faut que la religion explique leurs erreurs, et qu'elle *accorde leurs contrariétés par un art tout divin.* « La source des erreurs de ces deux sectes est de n'avoir pas su que l'état de l'homme présent diffère de celui de sa création. » Leurs contradictions viennent de ce qu'ils placent les contraires dans le même sujet, « au lieu que la foi nous apprend à les mettre dans des sujets différents : tout ce qu'il y a d'infirme appartenant à la nature, tout ce qu'il y a de puissant appartenant à la grâce ».

Tel est, en résumé, ce petit chef-d'œuvre qu'on appelle *l'Entretien de Pascal et de M. de Sacy.* On admire, dans les ouvrages de Platon, à côté de la doctrine, le drame, c'est-à-dire la vivacité du dialogue et le relief des caractères. Nous avons mieux ici : ce n'est pas une scène inventée, mais un entretien réel reproduit par un fidèle témoin. C'est beau comme une œuvre d'art, avec un degré supérieur d'intérêt pratique et de vérité.

FRAGMENT D'UN TRAITÉ DU VIDE[1]

(DE L'AUTORITÉ EN MATIÈRE DE PHILOSOPHIE)

Le respect que l'on porte à l'antiquité est aujourd'hui à tel point, dans les matières où il doit avoir moins de force, que l'on se fait des oracles de toutes ses pensées, et des mystères même de ses obscurités ; que l'on ne peut plus avancer de nouveautés sans péril, et que le texte d'un auteur suffit pour détruire les plus fortes raisons (2).....

Ce n'est pas que mon intention soit de corriger un vice par un autre, et de ne faire nulle estime des anciens, parce que l'on en fait trop. Je ne prétends pas bannir leur

---

(1) Ce morceau est, sans doute, un fragment de préface. Le *Traité du vide*, où il devait entrer, n'a pas été achevé. Ce traité devait comprendre les deux écrits que nous possédons, sur l'*Equilibre des liqueurs* et la *Pesanteur de l'air*. Le titre, *De l'autorité en matière de philosophie*, est de Bossut qui, le premier, a édité ce fragment. Pour que ce titre fût tout à fait exact et clair, il faudrait écrire *De l'autorité des anciens en matière de philosophie naturelle*. Pascal s'occupe, non de philosophie morale mais de physique, non de l'autorité de l'Eglise mais de celle d'Aristote. Galilée avait eu à lutter, sur d'autres questions à la vérité (système de Copernic, nombre de planètes, etc.), contre des adversaires qui lui opposaient à la fois Aristote et la théologie. On peut voir, dans sa lettre apologétique à Christine, grande duchesse de Toscane, ses judicieuses réflexions sur les dangers auxquels on s'expose en faisant intervenir l'Écriture sainte dans les discussions scientifiques. Consulter le beau livre de Th.-H. Martin, sur Galilée.

(2) Comparer Malebranche, *Recherche de la vérité*, liv. IV, chap. III : « Si l'on découvre quelque vérité, il faut encore qu'Aristote l'ait vue ; ou si Aristote y est contraire, la découverte sera fausse. Les uns font parler ce philosophe d'une façon, les autres d'une autre... il n'y a point d'impertinence qu'on ne lui fasse dire, et il y a peu de nouvelles découvertes qui ne se trouvent énigmatiquement dans quelque recoin de ses livres. »

autorité pour relever le raisonnement tout seul, quoique l'on veuille établir leur autorité seule au préjudice du raisonnement.....

Pour faire cette importante distinction avec attention, il faut considérer que les unes dépendent seulement de la mémoire, et sont purement historiques, n'ayant pour objet que de savoir ce que les auteurs ont écrit (1) ; les autres dépendent seulement du raisonnement, et sont entièrement dogmatiques, ayant pour objet de chercher et découvrir les vérités cachées.

Celles de la première sorte sont bornées, d'autant que les livres dans lesquels elles sont contenues.....

C'est suivant cette distinction qu'il faut régler différemment l'étendue de ce respect. Le respect que l'on doit avoir pour.....

Dans les matières où l'on recherche seulement de savoir ce que les auteurs ont écrit, comme dans l'histoire (2), dans la géographie, dans la jurisprudence, dans les langues,... et surtout dans la théologie ; et enfin dans toutes celles qui ont pour principe, ou le fait simple, ou l'institution (3) divine ou humaine, il faut nécessairement recourir à leurs livres, puisque tout ce que l'on en peut savoir y est

---

(1) On avait conservé du xvie siècle l'habitude de citer les textes des auteurs profanes comme, en théologie, on cite ceux de l'Écriture sainte. Voyez encore Malebranche. *Recherche*, etc., liv. III, chap. iv. « Un médecin qui ne sait que du latin peut bien être estimé au village, parce que du latin c'est du grec et de l'arabe pour les paysans. Mais si un médecin ne sait pas au moins lire le grec, pour apprendre quelque aphorisme d'Hippocrate, il ne faut pas qu'il s'attende de passer pour savant homme dans l'esprit des gens de ville qui savent ordinairement du latin. »

(2) Cela n'est vrai que des matériaux de l'histoire. Mais le sentiment de l'histoire manquait à Pascal comme à tous les cartésiens.

(3) Pris ainsi absolument, ce mot a une force toute particulière. Il a le même sens, mais avec plus de précision, que dans ce passage de *De legibus*, de Cicéron : liv. I, chap. xv, « Jam vero illud stultissimum, existimare omnia justa esse, quæ scita sint in populorum institutis et legibus. » L'institution divine ou humaine (théologie dogmatique et morale, droit écrit et coutumier) s'oppose nettement à ce qui est fondé sur la nature (philosophie et loi naturelle). En outre, au-dessus du *fait simple*, l'institution implique l'idée d'une volonté ou d'une autorité qui s'impose.

contenu : d'où il est évident que l'on peut en avoir la connaissance entière, et qu'il n'est pas possible d'y rien
ajouter.

S'il s'agit de savoir qui fut premier roi des Français ; en
quel lieu les géographes placent le premier méridien ; quels
mots sont usités dans une langue morte, et toutes les choses
de cette nature ; quels autres moyens que les livres pourraient nous y conduire ? Et qui pourra rien ajouter de
nouveau à ce qu'ils nous en apprennent, puisqu'on ne veut
savoir que ce qu'ils contiennent ? C'est l'autorité seule qui
nous en peut éclaircir. Mais où cette autorité (1) a la principale force, c'est dans la théologie, parce qu'elle y est
inséparable de la vérité, et que nous ne la connaissons
que par elle ; de sorte que pour donner la certitude entière
des matières les plus incompréhensibles à la raison, il suffit
de les faire voir dans les livres sacrés (comme pour montrer
l'incertitude des choses les plus vraisemblables, il faut
seulement faire voir qu'elles n'y sont pas comprises) ;
parce que ses principes sont au-dessus de la nature et de
la raison, et que, l'esprit de l'homme étant trop faible
pour y arriver par ses propres efforts, il ne peut parvenir
à ces hautes intelligences (2), s'il n'y est porté par une force
toute-puissante et surnaturelle.

Il n'en est pas de même des sujets qui tombent sous le
sens ou sous le raisonnement (3) : l'autorité y est inutile ;
la raison seule a lieu d'en connaître. Elles ont leurs droits
séparés : l'une avait tantôt tout l'avantage ; ici l'autre règne
à son tour. Mais comme les sujets de cette sorte sont
proportionnés à la portée de l'esprit, il trouve une liberté
tout entière de s'y étendre : sa fécondité inépuisable produit

___

(1) *C'est l'autorité... cette autorité.* Tout en rapprochant les mots
Pascal distingue certainement les choses, et ne confond pas l'autorité
d'un témoin sur une question de fait et l'autorité doctrinale de
l'Église. Celle-ci repose sur l'idée du surnaturel, comme l'auteur
l'explique plus bas.

(2) *Intelligences :* Expression latine. *Intelligentia,* dans Cicéron,
signifie idées intellectuelles.

(3) Sens ou raisonnement : tout est là dans les sciences positives.
En mathématiques, le raisonnement tout seul ; en physique, l'union
sacrée de l'expérience et du raisonnement, pour employer l'expression de Bacon.

continuellement, et ses inventions peuvent être tout
ensemble sans fin et sans interruption (1).....

C'est ainsi que la géométrie, l'arithmétique, la musique,
la physique, la médecine, l'architecture, et toutes les
sciences qui sont soumises à l'expérience et au raisonnement, doivent être augmentées pour devenir parfaites.
Les anciens les ont trouvées seulement ébauchées par ceux
qui les ont précédés; et nous les laisserons à ceux qui
viendront après nous en un état plus accompli que nous
ne les avons reçues. Comme leur perfection dépend du
temps et de la peine, il est évident qu'encore que notre
peine et notre temps nous eussent moins acquis (2) que
leurs travaux, séparés des nôtres, tous deux néanmoins
joints ensemble doivent avoir plus d'effet que chacun en
particulier.

L'éclaircissement de cette différence (3) doit nous faire
plaindre l'aveuglement de ceux qui apportent la seule
autorité pour preuve dans les matières physiques, au lieu
du raisonnement ou des expériences; et nous donner de
l'horreur pour la malice des autres, qui emploient le raisonnement seul dans la théologie, au lieu de l'autorité de
l'Ecriture et des Pères. Il faut relever le courage de
ces gens timides qui n'osent rien inventer en physique, et
confondre l'insolence de ces téméraires qui produisent
des nouveautés en théologie. Cependant le malheur du

---

(1) Voilà la science, avec son progrès continu et indéfini. Ces idées
nous sont familières; mais quelle beauté dans le langage de Pascal!

(2) *Moins acquis :* Cette concession devient de jour en jour moins
vraie, à mesure que la part des modernes devient plus considérable
dans le travail total.

(3) *L'éclaircissement de cette différence, etc.* A qui s'appliquent les
reproches exprimés dans cet alinéa? Les timides en physique sont
évidemment les partisans d'Aristote; les téméraires en théologie
doivent être les hérétiques, peut-être les jésuites, comme l'indique-
rait le § 41, article XXIV des *Pensées* (note de M. Havet). Remarquer
l'identité de ces idées et de celles de la *Recherche de la vérité,* liv. IV,
chap. III. « Si ce sont des personnes de piété et fort soumises à l'autorité de l'Église, leur foi s'étend quelquefois jusqu'à des opinions
purement philosophiques... Si ce sont des personnes trop hardies, leur
orgueil les porte à mépriser l'autorité de l'Église... ils se plaisent
dans les opinions dures et téméraires. » Ce sont les mêmes idées,
mais deux styles différents, très beaux l'un et l'autre.

siècle est tel, qu'on voit beaucoup d'opinions nouvelles en
théologie, inconnues à toute l'antiquité, soutenues avec
obstination et reçues avec applaudissement; au lieu que
celles qu'on produit dans la physique, quoiqu'en petit
nombre, semblent devoir être convaincues de fausseté dès
qu'elles choquent tant soit peu les opinions reçues ; comme
si le respect qu'on a pour les anciens philosophes était de
devoir, et que celui que l'on porte aux plus anciens des
Pères était seulement de bienséance ! Je laisse aux personnes judicieuses à remarquer l'importance de cet abus
qui pervertit l'ordre des sciences avec tant d'injustice ; et
je crois qu'il y en aura peu qui ne souhaitent que cette.....
s'applique à d'autres matières, puisque les inventions
nouvelles sont infailliblement des erreurs dans les matières
que l'on profane impunément, et qu'elles sont absolument
nécessaires pour la perfection de tant d'autres sujets incom-
parablement plus bas, que toutefois on n'oserait toucher.

Partageons avec plus de justice notre crédulité et notre
défiance (1), et bornons ce respect que nous avons pour les
anciens. Comme la raison le fait naître, elle doit aussi le
mesurer (2) ; et considérons que, s'ils fussent demeurés dans
cette retenue de n'oser rien ajouter aux connaissances
qu'ils avaient reçues, ou que ceux de leur temps eussent
fait la même difficulté de recevoir les nouveautés qu'ils
leur offraient, ils se seraient privés eux-mêmes et leur
postérité du fruit de leurs inventions. Comme ils ne se sont
servis de celles qui leur avaient été laissées que comme de
moyens pour en avoir de nouvelles, et que cette heureuse
hardiesse leur avait ouvert le chemin aux grandes choses,
nous devons prendre celles qu'ils nous ont acquises de la
même sorte, et à leur exemple en faire les moyens et non
pas la fin de notre étude, et ainsi tâcher de les surpasser
en les imitant. Car qu'y a-t-il de plus injuste que de traiter
nos anciens avec plus de retenue qu'ils n'ont fait ceux qui

---

(1) Conclusion énergique et concise et transition à ce qui suit. Cela
rappelle ce passage du nº 1 de l'article XIII des *Pensées* : « Il faut
savoir douter où il faut, assurer où il faut. Qui ne fait ainsi n'entend
pas la raison. »

(2) La suite est l'explication de ces deux mots : *faire naître* le respect, le *mesurer*.

les ont précédés, et d'avoir pour eux ce respect inviolable qu'ils n'ont mérité de nous que parce qu'ils n'en ont pas eu un pareil pour ceux qui ont eu sur eux le même avantage (1)?.....

Les secrets de la nature sont cachés ; quoiqu'elle agisse toujours, on ne découvre pas toujours ses effets ; le temps les révèle d'âge en âge, et, quoique toujours égale en elle-même, elle n'est pas toujours également connue. Les expériences qui nous en donnent l'intelligence multiplient continuellement ; et, comme elles sont les seuls principes de la physique, les conséquences multiplient à proportion. C'est de cette façon que l'on peut aujourd'hui prendre d'autres sentiments et de nouvelles opinions sans mépris et sans ingratitude, puisque les premières connaissances qu'ils nous ont données ont servi de degrés aux nôtres, et que dans ces avantages nous leur sommes redevables de l'ascendant que nous avons sur eux ; parce que s'étant élevés jusqu'à un certain degré où ils nous ont portés, le moindre effort nous fait monter plus haut, et avec moins de peine et moins de gloire nous nous trouvons au-dessus d'eux (2). C'est de là que nous pouvons découvrir des choses qu'il leur était impossible d'apercevoir. Notre vue a plus d'étendue ; et, quoiqu'ils connussent aussi bien que nous tout ce qu'ils pouvaient remarquer de la nature, ils n'en connaissaient pas tant néanmoins, et nous voyons plus qu'eux.

Cependant il est étrange de quelle sorte on révère leurs sentiments. On fait un crime de les contredire et un attentat d'y ajouter, comme s'ils n'avaient plus laissé de vérités à connaître. N'est-ce pas là traiter indignement la raison de l'homme, et la mettre en parallèle avec l'instinct des animaux (3), puisqu'on en ôte la principale différence, qui consiste en ce que les effets du raisonnement augmentent sans cesse, au lieu que l'instinct demeure toujours dans un état égal ? Les ruches des abeilles étaient aussi bien mesu-

(1) C'est ainsi que la raison *mesure* notre respect pour les anciens.
(2) C'est ainsi que la raison fonde ce respect.
(3) Après avoir énoncé la loi du progrès et avant d'y revenir en termes d'une éloquence incomparable, Pascal en donne l'explication philosophique dans la différence de la raison et de l'instinct.

rées il y a mille ans qu'aujourd'hui, et chacune d'elle forme cet hexagone aussi exactement la première fois que la dernière. Il en est de même de tout ce que les animaux produisent par ce mouvement occulte (1). La nature les instruit, à mesure que la nécessité les presse (2) ; mais cette science fragile se perd avec les besoins qu'ils en ont ; comme ils la reçoivent sans étude, ils n'ont pas le bonheur de la conserver ; et toutes les fois qu'elle leur est donnée, elle leur est nouvelle (3), puisque, la nature n'ayant pour objet que de maintenir les animaux dans un ordre de perfection bornée, elle leur inspire cette science nécessaire toujours égale, de peur qu'ils ne tombent dans le dépérissement, et ne permet pas qu'ils y ajoutent, de peur qu'ils ne passent les limites qu'elle leur a prescrites. Il n'en est pas de même de l'homme, qui n'est produit que pour l'infinité (4). Il est dans l'ignorance au premier âge de sa vie, mais il s'instruit sans cesse dans son progrès ; car il tire avantage non seulement de sa propre expérience, mais encore de celle de ses prédécesseurs ; parce qu'il garde toujours dans sa mémoire les connaissances qu'il s'est une fois acquises, et que celles des anciens lui sont toujours présentes dans les livres qu'ils en ont laissés. Et comme il conserve ces connaissances, il peut aussi les augmenter facilement ; de sorte que les hommes sont aujourd'hui en quelque sorte dans le même état où se trouveraient ces anciens philosophes (5), s'ils pouvaient avoir vieilli jusqu'à présent, en ajoutant aux connaissances qu'ils avaient celles

(1) On dirait aujourd'hui *inconscient*.

(2) Parce que les instincts sont en rapport avec tout l'organisme des animaux, organes extérieurs de préhension, de locomotion, de perception ; organes internes, appareil digestif, squelette, etc. Les animaux font donc immédiatement et facilement, mais nécessairement ce qu'ils doivent faire, parce qu'ils sont construits pour cela. Voir le beau livre de M. Joly sur l'instinct.

(3) A moins que l'on fasse de l'instinct une habitude héréditaire. Mais, tout en admettant des habitudes héréditaires, il est difficile d'y ramener tous les instincts, notamment celui que l'hérédité suppose.

(4) Grande pensée, qui s'est rencontrée sous la plume de beaucoup d'écrivains, mais qui, dans ce morceau, n'est certes pas un lieu commun.

(5) Comparaison très juste, à laquelle les réflexions suivantes donnent un nouveau degré de force et de clarté.

que leurs études auraient pu leur acquérir à la faveur de
tant de siècles. De là vient que, par une prérogative
particulière, non seulement chacun des hommes s'avance
de jour en jour dans les sciences, mais que tous les hommes
ensemble y font un continuel progrès à mesure que l'univers vieillit, parce que la même chose arrive dans la suc-
cession des hommes aussi bien que dans les âges différents
d'un particulier. De sorte que toute la suite des hommes,
pendant le cours de tant de siècles, doit être considérée
comme un même homme qui subsiste toujours et qui
apprend continuellement (1) ; d'où l'on voit avec combien
d'injustice nous respectons l'antiquité dans ses philosophes ;
car, comme la vieillesse est l'âge le plus distant de l'enfance, qui ne voit que la vieillesse, dans cet homme
universel, ne doit pas être cherchée dans les temps proches
de sa naissance, mais dans ceux qui en sont les plus
éloignés ? Ceux que nous appelons anciens étaient véritablement nouveaux en toutes choses, et formaient l'enfance des hommes proprement ; et comme nous avons
joint à leurs connaissances l'expérience des siècles qui les
ont suivis, c'est en nous que l'on peut trouver cette antiquité que nous révérons dans les autres.

Ils doivent être admirés dans les conséquences qu'ils
ont bien tirées du peu de principes qu'ils avaient, et ils
doivent être excusés dans celles où ils ont plutôt manqué
du bonheur de l'expérience (2) que de la force du raisonnement.

Car n'étaient-ils pas excusables dans la pensée qu'ils
ont eue pour la voie de lait, quand la faiblesse de leurs yeux
n'ayant pas encore reçu le secours de l'artifice, ils ont
attribué cette couleur à une plus grande solidité en cette

(1) Je ne crois pas que, dans aucune langue, l'idée du progrès ait
été exprimée avec autant de force et d'éclat. Cette idée s'est déjà
rencontrée dans Bacon, l'homme aux métaphores bibliques, au style
hardiment figuré ; dans Descartes, chez qui les comparaisons abon-
dent, mais qui est plus égal, plus suivi, plus écrivain. Elle se retrou-
vera chez le bel esprit Fontenelle. Mais que l'on compare, on verra
que, pour l'expression, Pascal est le maître.
(2) C'est ce qu'il va montrer par quelques exemples empruntés à
la physique des anciens.

partie du ciel, qui renvoie la lumière avec plus de force (1)? Mais ne serions-nous pas inexcusables de demeurer dans la même pensée, maintenant qu'aidés des avantages que nous donne la lunette d'approche, nous y avons découvert une infinité de petites étoiles, dont la splendeur plus abondante nous a fait reconnaître quelle est la véritable cause de cette blancheur (2)?

N'avaient-ils pas aussi sujet de dire que tous les corps corruptibles étaient renfermés dans la sphère du ciel de la lune, lorsque durant le cours de tant de siècles ils n'avaient point encore remarqué de corruptions ni de générations hors de cet espace? Mais ne devons-nous pas assurer le contraire, lorsque toute la terre a vu sensiblement des comètes s'enflammer et disparaître bien loin au-delà de cette sphère (3) ?

(1) Aristote mentionne cette opinion, pour la combattre; dans sa *Météorologie*, liv. Ier, chap. VIII, § 7. M. Barthélemy Saint-Hilaire l'attribue à Hippocrate de Chios, qu'Aristote ne nomme pas. Chose singulière ! D'après Aristote, *ibid.*, § 4, Démocrite aurait regardé la voie lactée comme une réunion d'étoiles ayant leur lumière propre, doctrine qu'Aristote n'admet pas non plus, quoiqu'elle soit vraie dans sa généralité. Aristote admet qu'au-dessus de l'air se trouve une région ignée : le feu céleste s'explique par le mouvement de tous ces corps, plus nombreux et plus pressés dans la voie lactée que partout ailleurs.

(2) Ajoutons à cette explication ce que dit Humboldt, dans son *Cosmos*, t. Ier, p. 96 de la trad. française, sur la forme et les dimensions de l'amas lenticulaire d'étoiles dont fait partie notre système solaire. « Dans le sens du grand axe, le rayon visuel doit rencontrer les étoiles échelonnées suivant cette direction, en beaucoup plus grand nombre que partout ailleurs. » De là cette apparence de cercle qui est un effet de perspective, tandis qu'en réalité il y a un disque ou une lentille.

(3) Pascal se méprend évidemment sur la nature des comètes. Du reste la science moderne a d'autres arguments contre l'ancien dogme de l'incorruptibilité des corps supra-lunaires. Du temps de Galilée, le P. Scheiner, pour sauver le précieux principe, supposait, à la place des taches solaires découvertes par le grand astronome, de petites planètes qui passeraient sur le disque du soleil, et Galilée se contentait de lui dire qu'en présence des faits, Aristote lui-même abandonnerait son prétendu principe. Écoutons maintenant l'auteur du *Cosmos*. « De même que nous voyons dans nos forêts les arbres de même espèce parvenus à tous les degrés possibles de croissance, de même on peut reconnaître, dans l'immensité des champs célestes, les diverses phases de la formation graduelle des étoiles. » (*Cosmos*, t. I. p. 88-89.)

C'est ainsi que, sur le sujet du vide, ils avaient droit de dire que la nature n'en souffrait point, parce que toutes leurs expériences leur avaient toujours fait remarquer qu'elle l'abhorrait et ne le pouvait souffrir. Mais si les nouvelles expériences leur avaient été connues, peut-être auraient-ils trouvé sujet d'affirmer ce qu'ils ont eu sujet de nier par là que le vide n'avait point encore paru. Aussi dans le jugement qu'ils ont fait que la nature ne souffrait point de vide, ils n'ont entendu parler de la nature qu'en l'état où ils la connaissaient ; puisque, pour le dire généralement, ce ne serait assez de l'avoir vu constamment en cent rencontres, ni en mille, ni en tout autre nombre, quelque grand qu'il soit ; puisque, s'il restait un seul cas à examiner, ce seul suffirait pour empêcher la définition générale, et si un seul était contraire, ce seul... Car, dans toutes les matières dont la preuve consiste en expériences et non en démonstrations, on ne peut faire aucune assertion universelle que par la générale émunération de toutes les parties et de tous les cas différents. (1). C'est ainsi que, quand nous disons que le diamant est le plus dur de tous les corps, nous entendons de tous les corps que nous connaissons, et nous ne pouvons ni ne devons y comprendre ceux que nous ne connaissons point ; et quand nous disons que l'or est le plus pesant de tous les corps, nous serions téméraires de comprendre dans cette proposition générale ceux qui ne sont point encore en notre connaissance, quoiqu'il ne soit pas impossible qu'ils soient en nature. De même, quand les anciens ont assuré que la nature ne souffrait point de vide, ils ont entendu qu'elle n'en souffrait point dans toutes les expériences qu'ils avaient vues, et ils n'auraient pu sans témérité y comprendre celles qui n'étaient pas en leur connaissance. Que si elles y eussent été, sans doute ils auraient tiré les mêmes conséquences que nous, et les auraient, par leur aveu, autorisées de cette

---

(1) Cette assertion est-elle exacte ? Oui, en ce sens qu'une seule exception prouve que l'induction a été mal faite ; non, si l'auteur prétend qu'il faille toujours procéder par énumérations. Avec le raisonnement déductif et la vérification qu'il amène, il n'est pas besoin d'un grand nombre d'expériences.

antiquité dont on veut faire aujourd'hui l'unique principe des sciences (1).

C'est ainsi que, sans les contredire, nous pouvons assurer le contraire de ce qu'ils disaient ; et, quelque force enfin qu'ait cette antiquité, la vérité doit toujours avoir l'avantage, quoique nouvellement découverte, puisqu'elle est toujours plus ancienne que toutes les opinions qu'on en a eues, et que ce serait ignorer sa nature de s'imaginer qu'elle ait commencé d'être au temps qu'elle a commencé d'être connue (2).

(1) Il est naturel que Pascal insiste un peu sur cette question du vide, qui est l'objet de son ouvrage. Comme Galilée, il se heurte aux disciples aveuglés d'Aristote, et il répète, avec une logique éloquente, ce que son devancier disait aux mêmes adversaires avec une malicieuse bonhomie.

(2) Comparer Malebranche : « La vérité est immuable, nécessaire, éternelle, la même dans le temps et dans l'éternité, la même parmi nous et les étrangers, la même dans le ciel et dans les enfers. » (3° entretien sur la métaphysique.)

DE L'ESPRIT GÉOMÉTRIQUE [1]

PREMIER FRAGMENT

On peut avoir trois principaux objets dans l'étude de la vérité; l'un, de la découvrir quand on la cherche; l'autre, de la démontrer quand on la possède; le dernier, de la discerner d'avec le faux quand on l'examine.

Je ne parle point du premier; je traite particulièrement du second (2), et il enferme le troisième (3). Car, si l'on sait la méthode de prouver la vérité, on aura en même temps celle de la discerner, puisqu'en examinant si la preuve qu'on en donne est conforme aux règles qu'on connaît, on saura si elle est exactement démontrée.

La géométrie, qui excelle en ces trois genres, a expliqué l'art de découvrir les vérités inconnues; et c'est ce qu'elle appelle Analyse (4), et dont il serait inutile de discourir après tant d'excellents ouvrages qui ont été faits.

Celui de démontrer des vérités déjà trouvées, et de les

---

(1) On dirait aussi bien aujourd'hui l'esprit mathématique. Quand Pascal dit l'*esprit géométrique*, il prend l'espèce pour le genre, comme il le remarque lui-même plus loin.

(2) C'est-à-dire de la manière de démontrer, appelée aussi méthode de composition ou de doctrine. En mathématiques, la méthode de démonstration est appelée *synthèse des géomètres* par les logiciens de Port-Royal, qui lui consacrent huit chapitres de la 4ᵉ partie de la *Logique*.

(3) Ce troisième point semble pourtant comporter aussi une étude spéciale des erreurs et des sophismes.

(4) Voici la description de ce procédé dans la *Logique de Port-Royal*, 6ᵉ partie, chap. ɪɪ. Duhamel en montre encore mieux la nature dans son ouvrage sur la *Méthode dans les sciences du raisonnement*. D'après la description de Port-Royal, l'analyse ressemble trop à une déduction. Duhamel en fait mieux saisir la marche *régressive*.

éclaircir de telle sorte que la preuve en soit invincible, est
le seul que je veux donner; je n'ai pour cela qu'à expliquer
la méthode que la géométrie y observe; car elle l'enseigne
parfaitement par ses exemples, quoiqu'elle n'en produise
aucun discours. Et parce que cet art consiste en deux
choses principales, l'une de prouver chaque proposition en
particulier, l'autre de disposer toutes les propositions dans
le meilleur ordre, j'en ferai deux sections, dont l'une con-
tiendra les règles de la conduite des démonstrations géométriques, c'est-à-dire méthodiques et parfaites, et la seconde
comprendra celles de l'ordre géométrique (1), c'est-à-dire
méthodique et accompli : de sorte que les deux ensemble
enfermeront tout ce qui sera nécessaire pour la conduite du
raisonnement à prouver et discerner les vérités; lesquelles
j'ai dessein de donner entières.

SECTION PREMIÈRE

De la méthode des démonstrations géométriques, c'est-à-dire méthodiques et parfaites

Je ne puis faire mieux entendre la conduite qu'on doit
garder pour rendre les démonstrations convaincantes, qu'en
expliquant celle que la géométrie observe.

[Mon objet] est bien plus de réussir à l'une qu'à l'autre,
et je n'ai choisi cette science pour y arriver que parce
qu'elle seule sait les véritables règles du raisonnement, et,
sans s'arrêter aux règles des syllogismes, qui sont telle-

---

(1) Pascal n'a pas traité ce second point. Arnauld donne une idée
de ce que l'on peut entendre par là (*Logique de Port-Royal*, 4ᵉ partie,
chap. IX), lorsqu'il reproche à certains géomètres de n'avoir aucun
soin du vrai ordre de la nature, de brouiller toutes les choses, de
traiter pêle-mêle les lignes et les carrés, de prouver par des figures
les propriétés des lignes simples, et de faire *une infinité d'autres
renversements qui défigurent cette belle science. Les éléments d'Euclide
sont pleins de ce défaut*, etc. — Condillac avait au plus haut point
le sentiment de cet ordre, qu'il voulait imposer à toutes les sciences.
Voir sa *Langue des calculs*.

ment naturelles qu'on ne peut les ignorer, s'arrête et se fonde sur la véritable méthode de conduire le raisonnement en toutes choses, que presque tout le monde ignore, et qu'il est si avantageux de savoir, que nous voyons par expérience qu'entre esprits égaux et toutes choses pareilles, celui qui a de la géométrie l'emporte et acquiert une vigueur toute nouvelle (1).

Je veux donc faire entendre ce que c'est que démonstration par l'exemple de celles de géométrie, qui est presque la seule des sciences humaines qui en produise d'infaillibles, parce qu'elle seule observe la véritable méthode, au lieu que toutes les autres sont par une nécessité naturelle dans quelque sorte de confusion, que les seuls géomètres savent extrêmement connaître.

Mais il faut auparavant que je donne l'idée d'une méthode encore plus éminente et plus accomplie, mais où les hommes ne sauraient jamais arriver : car ce qui passe la géométrie nous surpasse (2); et néanmoins il est nécessaire d'en dire quelque chose, quoiqu'il soit impossible de la pratiquer.

Cette véritable méthode, qui formerait les démonstrations dans la plus haute excellence, s'il était possible d'y arriver, consisterait en deux choses principales ; l'une, de n'employer aucun terme dont on n'eût auparavant expliqué nettement le sens; l'autre, de n'avancer jamais aucune proposition qu'on ne démontrât par des vérités déjà connues; c'est-à-dire, en un mot, à définir tous les termes et à prouver toutes les propositions. Mais, pour suivre l'ordre même que j'explique, il faut que je déclare ce que j'entends par définition.

On ne reconnaît en géométrie que les seules définitions

---

(1) Comme discipline intellectuelle, l'utilité des mathématiques est incontestable. (Voir Malebranche, *Recherches de la vérité*, liv. VI, chap. IV et V.) N'oublions pas cependant que le raisonnement mathématique n'est qu'une forme particulière du raisonnement, quoique les mathématiques soient d'une application universelle, au moins dans le monde matériel.

(2) Encore un peu de temps et nous aurons le scepticisme théologique des *Pensées* : Déjà cette maxime, *ce qui passe la géométrie nous surpasse*, est à moitié pyrrhonienne.

que les logiciens appellent définitions de noms, c'est-à-dire que les seules impositions de nom aux choses qu'on a clairement désignées en termes parfaitement connus; et je ne parle que de celles-là seulement (1). Leur utilité et leur usage est d'éclaircir et d'abréger le discours, en exprimant par le seul nom qu'on impose ce qui ne pourrait se dire qu'en plusieurs termes; en sorte néanmoins que le nom imposé demeure dénué de tout autre sens, s'il en a, pour n'avoir plus que celui auquel on le destine uniquement. En voici un exemple. Si l'on a besoin de distinguer dans les nombres ceux qui sont divisibles en deux également d'avec ceux qui ne le sont pas, pour éviter de répéter souvent cette condition, on lui donne un nom en cette sorte : j'appelle tout nombre divisible en deux également nombre pair. Voilà une définition géométrique; parce qu'après avoir clairement désigné une chose, savoir tout nombre divisible en deux également, on lui donne un nom que l'on destitue de tout autre sens, s'il en a, pour lui donner celui de la chose désignée. D'où il paraît que les définitions sont très libres, et qu'elles ne sont jamais sujettes à être contredites, car il n'y a rien de plus permis que de donner à une chose qu'on a clairement désignée un nom tel qu'on voudra. Il faut seulement prendre garde qu'on n'abuse de la liberté qu'on a d'imposer des noms, en donnant le même à deux choses différentes.

Ce n'est pas que cela ne soit permis (2), pourvu qu'on n'en confonde pas les conséquences, et qu'on ne les étende pas de l'une à l'autre.

(1) Les condillaciens citaient fréquemment ce passage, qu'ils admiraient beaucoup. C'est qu'ils ramenaient, à tort selon nous, toutes les définitions à des définitions de nom et toute science à une langue bien faite. — Du reste les définitions mathématiques ne sont pas seulement verbales, mais idéales. Ce sont des *constructions* faites par l'esprit, d'après une loi qu'il pose lui-même. Si, par exemple, j'impose à un point la loi de se mouvoir uniquement vers un autre point fixe, j'obtiens une ligne droite. Ces définitions se font par voie de génération; par exemple, chaque figure, chaque nombre résulte de la loi génératrice posée par l'esprit. (Voyez Liard : *Logique*, p. 80.)

(2) Permis au point de vue logique, bien entendu; non au point de vue de l'usage. Remarquer, du reste, comme toutes les explications données ici par Pascal sont de nature à faire entrer, comme il dit, dans l'*esprit de netteté*, qu'il a en vue dans tout cet opuscule.

Mais si l'on tombe dans ce vice, on peut lui opposer un remède très sûr et très infaillible : c'est de substituer mentalement la définition à la place du défini, et d'avoir toujours la définition si présente que, toutes les fois qu'on parle, par exemple, de nombre pair, on entende précisément que c'est celui qui est divisible en deux parties égales, et que ces deux choses soient tellement jointes et inséparables dans la pensée, qu'aussitôt que le discours en exprime l'une, l'esprit y attache immédiatement l'autre. Car les géomètres, et tous ceux qui agissent méthodiquement, n'imposent des noms aux choses que pour abréger le discours, et non pour diminuer ou changer l'idée des choses dont ils discourent (1). Et ils prétendent que l'esprit supplée toujours la définition entière aux termes courts, qu'ils n'emploient que pour éviter la confusion que la multitude des paroles apporte. Rien n'éloigne plus promptement et plus puissamment les surprises captieuses des sophistes que cette méthode, qu'il faut avoir toujours présente, et qui suffit seule pour bannir toutes sortes de difficultés et d'équivoques.

Ces choses étant bien entendues, je reviens à l'explication du véritable ordre qui consiste, comme je disais, à tout définir et à tout prouver. Certainement cette méthode serait belle, mais elle est absolument impossible ; car il est évident que les premiers termes qu'on voudrait définir en supposeraient de précédents pour servir à leur explication, et que de même les premières propositions qu'on voudrait prouver en supposeraient d'autres qui les précédassent ; et ainsi il est clair qu'on n'arriverait jamais aux premières. Aussi, en poussant les recherches de plus en plus, on arrive nécessairement à des mots primitifs qu'on ne peut plus définir, et à des principes si clairs qu'on n'en trouve plus qui le soient davantage pour servir à leur preuve. D'où il paraît que les hommes sont dans une impuissance naturelle et immuable de traiter quelque science que ce soit dans un ordre absolument accompli (2).

(1) Pour faire prendre le change sur les choses, sous prétexte que les définitions de mots sont libres.

(2) Tout prouver et tout définir est chose absurde et contradictoire. En quel sens Leibnitz a-t-il pu dire : Je voudrais que l'on démon-

Mais il ne s'ensuit pas de là qu'on doive abandonner toute
sorte d'ordre. Car il y en a un, et c'est celui de la géométrie,
qui est à la vérité inférieur en ce qu'il est moins convaincant,
mais non pas en ce qu'il est moins certain. Il ne définit pas
tout et ne prouve pas tout, et c'est en cela qu'il lui cède ;
mais il ne suppose que des choses claires et constantes par
la lumière naturelle, et c'est pourquoi il est parfaitement
véritable, la nature le soutenant au défaut du discours (1).
Cet ordre, le plus parfait entre les hommes, consiste non
pas à tout définir ou à tout démontrer, ni aussi à ne rien
définir ou à ne rien démontrer, mais à se tenir dans ce
milieu de ne point définir les choses claires et entendues de
tous les hommes, et de définir toutes les autres ; et de ne
point prouver toutes les choses connues des hommes, et de
prouver toutes les autres (2). Contre cet ordre pèchent également ceux qui entreprennent de tout définir et de tout
prouver, et ceux qui négligent de le faire dans les choses
qui ne sont pas évidentes d'elles-mêmes.

C'est ce que la géométrie enseigne parfaitement. Elle ne
définit aucune de ces choses, espace, temps, mouvement,
nombre, égalité, ni les semblables qui sont en grand
nombre, parce que ces termes-là désignent si naturellement
les choses qu'ils signifient, à ceux qui entendent la langue,
que l'éclaircissement qu'on en voudrait faire apporterait
plus d'obscurité que d'instruction. Car il n'y a rien de plus

trât tout jusqu'aux axiomes ? Cela peut signifier : montrer l'origine des
axiomes, leur valeur, la réalité de leur rôle dans la connaissance ;
distinguer ce qui est axiome de ce qui ne l'est pas, etc. Peut-on
de même donner un sens acceptable à ce que dit Pascal de l'ordre
parfait et accompli ? Nous ne le pensons pas.

(1) *La nature..... au défaut du discours.* Ici le discours signifie le
raisonnement. Pascal, dans ses *Pensées* (art. VIII, i.) oppose au raisonnement, qu'il identifie avec la raison, *le cœur et l'instinct.* « Le
cœur sent qu'il y a trois dimensions dans l'espace, etc. » Pour la
psychologie moderne, ce n'est pas le cœur qui sent les vérités
premières ; c'est la raison qui les affirme, et la raison ne fait qu'un
avec notre nature raisonnable. D'autre part, une analyse exacte note
la distinction, mais aussi les rapports de la raison, faculté intuitive,
et du raisonnement, procédé discursif. La raison fournit les principes ;
le raisonnement tire les conséquences.

(2) Ici Pascal se retrouve dans le vrai ; et quelle netteté d'expression !

faible que le discours de ceux qui veulent définir ces mots primitifs. Quelle nécessité y a-t-il, par exemple, d'expliquer ce qu'on entend par le mot homme (1) ? Ne sait-on pas assez quelle est la chose qu'on veut désigner par ce terme ? Et quel avantage pensait nous procurer Platon, en disant que c'était un animal à deux jambes sans plumes (2) ? Comme si l'idée que j'en ai naturellement, et que je ne puis exprimer, n'était pas plus nette et plus sûre que celle qu'il me donne par son explication inutile et même ridicule; puisqu'un homme ne perd pas l'humanité en perdant les deux jambes, et qu'un chapon ne l'acquiert pas en perdant ses plumes.

Il y en a qui vont jusqu'à cette absurdité d'expliquer un mot par le mot même. J'en sais qui ont défini la lumière en cette sorte : La lumière est un mouvement luminaire des corps lumineux ; comme si on pouvait entendre les mots de luminaire et de lumineux sans celui de lumière (3).

On ne peut entreprendre de définir l'être sans tomber dans cette absurdité : car on ne peut définir un mot sans commencer par celui-ci, *c'est*, soit qu'on exprime ou qu'on le sous-entende. Donc pour définir l'être, il faudrait dire *c'est*, et ainsi employer le mot défini dans sa définition (4).

On voit assez de là qu'il y a des mots incapables d'être définis; et si la nature n'avait suppléé à ce défaut par une idée pareille qu'elle a donnée à tous les hommes, toutes nos expressions seraient confuses; au lieu qu'on en use

---

(1) Il y a ici une confusion qu'il faut démêler. Sans doute, il n'est pas nécessaire d'expliquer ce que l'on entend par le mot homme. Mais il est utile de faire connaître, par une définition *réelle*, non verbale, ce que c'est que l'homme. Notre auteur sort ici des exemples géométriques.

(2) Si Platon a tenu ce langage, c'est une boutade ou une ironie dont Pascal abuse après Montaigne. Mais il y avait, à coup sûr, les éléments d'une définition meilleure dans sa psychologie si pénétrante et si judicieuse malgré ses lacunes.

(3) Ici le coupable est le P. Noël, dans sa première lettre à Pascal sur les *Expériences touchant le vide*. Voir l'avant-dernier alinéa de cette lettre (*OEuvres* de Pascal, édit. de 1819, t. IV, p. 63).

(4) On peut accorder à Pascal qu'il est impossible de définir la notion d'être, qui est la plus générale de toutes. Mais il a tort de confondre le sens de ce mot quand il est employé comme copule avec celui qu'il a quand il signifie existence.

avec la même assurance et la même certitude que s'ils
étaient expliqués d'une manière parfaitement exempte
d'équivoques; parce que la nature nous en a elle-même
donné, sans paroles, une intelligence plus nette que celle
que l'art nous acquiert par nos explications.

Ce n'est pas que tous les hommes aient la même idée de
l'essence (1) des choses que je dis qu'il est impossible et
inutile de définir. Car, par exemple, le temps est de cette
sorte. Qui le pourra définir? Et pourquoi l'entreprendre,
puisque tous les hommes conçoivent ce qu'on veut dire en
parlant du temps, sans qu'on le désigne davantage? Cependant il y a bien de différentes opinions touchant l'essence du
temps. Les uns disent que c'est le mouvement d'une chose
créée; les autres, la mesure du mouvement (2), etc. Aussi
ce n'est pas la nature de ces choses que je dis qui est connue à tous; ce n'est simplement que le rapport entre le
nom et la chose; en sorte qu'à cette expression, temps,
tous portent la pensée vers le même objet; ce qui suffit
pour faire que ce terme n'ait pas besoin d'être défini,
quoique ensuite, en examinant ce que c'est que le temps,
on vienne à différer de sentiment après s'être mis à y penser; car les définitions ne sont faites que pour désigner les
choses que l'on nomme, et non pas pour en montrer la
nature. Ce n'est pas qu'il ne soit permis d'appeler du nom
de temps le mouvement d'une chose créée; car, comme
j'ai dit tantôt, rien n'est plus libre que les définitions. Mais
ensuite de cette définition il y aura deux choses qu'on
appellera du nom de temps ; l'une est celle que tout le

(1) Quand il s'agit d'*essences*, il faut une définition *réelle*, sujette,
par conséquent, à contestation.
(2) Ces formules péripatéticiennes ou scolastiques ne doivent pas
être regardées comme des définitions véritables. Elles marquent plutôt
un aspect, une application de l'idée de temps. Du reste, cette notion,
comme tant d'autres, est indéfinissable parce qu'elle est irréductible.
Leibnitz et Kant ne définissent pas mieux le temps, lorsqu'ils disent,
le premier, que c'est l'ordre des phénomènes successifs, le second,
que c'est une forme *a priori* de la sensibilité, ou un schème servant
d'intermédiaire entre les catégories et les phénomènes. En général,
les discussions des philosophes sur l'idée de temps, comme sur celle
d'espace, ont moins pour objet de les définir que d'en déterminer
l'origine, la valeur objective, la place dans le système des éléments
de la connaissance.

monde entend naturellement par ce mot, et que tous
ceux qui parlent notre langue nomment par ce terme ;
l'autre sera le mouvement d'une chose créée, car on l'appellera aussi de ce nom suivant cette nouvelle définition. Il
faudra donc éviter les équivoques, et ne pas confondre les
conséquences. Car il ne s'ensuivra pas de là que la chose
qu'on entend naturellement par le mot de temps soit en
effet le mouvement d'une chose créée. Il a été libre de nommer ces deux choses de même ; mais il ne le sera pas de
les faire convenir de nature aussi bien que de nom. Ainsi,
si l'on avance ce discours : Le temps est le mouvement
d'un chose créée ; il faut demander ce qu'on entend par ce
mot de temps, c'est-à-dire si on lui laisse le sens ordinaire
et reçu de tous, ou si on l'en dépouille pour lui donner en
cette occasion celui de mouvement d'une chose créée. Que
si on le destitue de tout autre sens, on ne peut contredire,
et ce sera une définition libre, ensuite de laquelle, comme
j'ai dit, il y aura deux choses qui auront ce même nom.
Mais si on lui laisse son sens ordinaire, et qu'on prétende
néanmoins que ce qu'on entend par ce mot soit le mouvement d'une chose créée, on peut contredire. Ce n'est plus
une définition libre, c'est une proposition qu'il faut prouver,
si ce n'est qu'elle soit très évidente d'elle-même ; et alors
ce sera un principe et un axiome, mais jamais une définition,
parce que dans cette énonciation on n'entend pas que le mot
de temps signifie la même chose que ceux-ci, le mouvement d'une chose créée ; mais on entend que ce que l'on
conçoit par le terme de temps soit ce mouvement sup-
posé.

Si je ne savais (1) combien il est nécessaire d'entendre ceci
parfaitement, et combien il arrive à toute heure dans les
discours familiers et dans les discours de science, des
occasions pareilles à celle-ci que j'ai donnée en exemple, je
ne m'y serais pas arrêté. Mais il me semble, par l'expérience que j'ai de la confusion des disputes, qu'on ne peut
trop entrer dans cet esprit de netteté, pour lequel je fais

(1) Cette réflexion toute personnelle justifie l'insistance avec laquelle
Pascal est revenu, dans l'alinéa précédent, sur la nécessité de ne pas
employer indistinctement les définitions de mots et celles de choses.

tout ce traité, plus que pour le sujet que j'y traite (1).

Car combien y a-t-il de personnes qui croient avoir défini le temps quand ils ont dit que c'est la mesure du mouvement, en lui laissant cependant son sens ordinaire ! Et néanmoins ils ont fait une proposition, et non pas une définition. Combien y en a-t-il de même qui croient avoir défini le mouvement quand ils ont dit : *Motus nec simpliciter actus, nec mira potentia est, sed actus entis in potentia* (2) ! Et cependant s'ils laissent au mot de mouvement son sens ordinaire comme ils font, ce n'est pas une définition, mais une proposition; et, confondant ainsi les définitions qu'ils appellent définitions de nom, qui sont les véritables définitions libres, permises et géométriques, avec celles qu'ils appellent définitions de chose, qui sont proprement des propositions nullement libres, mais sujettes à contradiction, ils s'y donnent la liberté d'en former aussi bien que des autres; et chacun définissant les mêmes choses à sa manière par une liberté qui est aussi défendue dans ces sortes de définitions que permise dans les premières, ils embrouillent toutes choses, et perdant tout ordre et toute lumière, ils se perdent eux-mêmes et s'égarent dans des embarras inexplicables (3).

On n'y tombera jamais en suivant l'ordre de la géométrie. Cette judicieuse science est bien éloignée de définir ces mots primitifs, espace, temps, mouvement, égalité, majorité, diminution, tout, et les autres que le monde entend soi-même. Mais hors ceux-là, le reste des termes qu'elle emploie y sont tellement éclaircis et définis, qu'on n'a pas besoin de dictionnaire pour en entendre aucun; de sorte qu'en un mot tous ces termes sont parfaitement intelligibles,

(1) *Cet esprit de netteté, pour lequel*, etc. Cette ligne est d'une importance capitale. Elle nous donne la raison d'être de tout ce morceau. L'opuscule de Pascal prend d'un bout à l'autre un nouvel aspect et un sens plus clair, quand nous nous savons en présence d'un géomètre qui nous enseigne l'esprit de netteté.

(2) Formule tirée de la physique d'Aristote. En faisant du mouvement le passage de la puissance à l'acte, Aristote en rattache la définition aux principes de sa métaphysique.

(3) Remarquer l'originale beauté de cette période. Ne semble-t-il pas que l'auteur imite, sans cesser d'être clair, l'embrouillement qu'il reproche aux raisonneurs inhabiles ou de mauvaise foi ?

ou par la lumière naturelle ou par les définitions qu'elle en donne.

Voilà de quelle sorte elle évite tous les vices qui se peuvent rencontrer dans le premier point, lequel consiste à définir les seules choses qui en ont besoin. Elle en use de même à l'égard de l'autre point, qui consiste à prouver les propositions qui ne sont pas évidentes. Car, quand elle est arrivée aux premières vérités connues, elle s'arrête là et demande qu'on les accorde (1), n'ayant rien de plus clair pour les prouver; de sorte que tout ce que la géométrie propose est parfaitement démontré, ou par la lumière naturelle, ou par les preuves. De là vient que si cette science ne définit pas et ne démontre pas toutes choses, c'est par cette seule raison que cela nous est impossible. Mais comme la nature fournit tout ce que cette science ne donne pas, son ordre à la vérité ne donne pas une perfection plus qu'humaine, mais il a toute celle où les hommes peuvent arriver. Il m'a semblé à propos de donner dès l'entrée de ce discours cette.....

On trouvera peut-être étrange que la géométrie ne puisse définir aucune des choses qu'elle a pour principaux objets; car elle ne peut définir ni le mouvement, ni les nombres, ni l'espace; et cependant ces trois choses sont celles qu'elle considère particulièrement et selon la recherche desquelles elle prend ces trois différents noms de mécanique, d'arithmétique, de géométrie, ce dernier nom appartenant au genre et à l'espèce (2). Mais on n'en sera pas surpris, si l'on remarque que cette admirable science ne s'attachant qu'aux choses les plus simples, cette même qualité qui les rend dignes d'être ses objets, les rend incapables d'être définies; de sorte que le manque de définition est plutôt une perfection qu'un défaut, parce qu'il ne vient pas de

(1) Ce que Pascal dit ici de la géométrie n'est pas toujours vrai des géomètres. Arnauld reproche à Euclide de prouver des choses qui n'ont pas besoin de preuve (*Logique de Port-Royal*, 4ᵉ partie, chap. ix). Pascal ne distingue pas ici les axiomes des postulats, il y a pourtant cette différence que les postulats n'ont pas la généralité des axiomes.

(2) On ne dit plus aujourd'hui *la géométrie* pour les mathématiques. Mais l'expression d'*esprit géométrique* peut encore s'employer comme au xviiᵉ siècle.

leur obscurité, mais au contraire de leur extrême évidence, qui est telle qu'encore qu'elle n'ait pas la conviction des démonstrations, elle en a toute la certitude (1). Elle suppose donc que l'on sait quelle est la chose qu'on entend par ces mots, mouvement, nombre, espace ; et, sans s'arrêter à les définir inutilement, elle en pénètre la nature (2), et en découvre les merveilleuses propriétés.

Ces trois choses, qui comprennent tout l'univers, selon ces paroles : *Deus fecit omnia in pondere, in numero, et mensura* (3), ont une liaison réciproque et nécessiare. Car on ne peut imaginer de mouvement sans quelque chose qui se meuve ; et cette chose étant une, cette unité est l'origine de tous les nombres ; et enfin le mouvement ne pouvant être sans espace, on voit ces trois choses enfermées dans la première. Le temps même y est aussi compris ; car le mouvement et le temps sont relatifs l'un à l'autre ; la promptitude et la lenteur, qui sont les différences des mouvements, ayant un rapport nécessaire avec le temps. Ainsi il y a des propriétés communes à toutes ces choses, dont la connaissance ouvre l'esprit aux plus grandes merveilles de la nature (4).

La principale comprend les deux infinités qui se rencontrent dans toutes : l'une de grandeur, l'autre de petitesse.

Car, quelque prompt que soit un mouvement, on peut en concevoir un qui le soit davantage, et hâter encore ce dernier ; et ainsi toujours à l'infini, sans jamais arriver à un qui le soit de telle sorte qu'on ne puisse plus y ajouter.

(1) S'il y a évidence, il y a conviction aussi bien que certitude. Pascal revient toujours à sa distinction contestable de la démonstration parfaite et de la démonstration humainement possible.

(2) Le mot *nature* est pris ici dans un sens large ; il ne signifie pas *essence*, puisque l'auteur a dit précédemment que l'essence de ces choses est inconnue.

(3) Cette citation un peu altérée du livre de la *Sagesse* ne cadre pas exactement avec la liste des notions géométriques. Mais ce manque de symétrie est sans importance.

(4) Expression justifiée par les beaux aperçus qui précèdent, sur les rapports mutuels des notions d'espace, de temps, de nombre et de mouvement, et sur leur universelle application dans le monde matériel. On s'explique par là pourquoi tous les systèmes philosophiques ont leur théorie de l'espace, du temps, etc.

Et au contraire, quelque lent que soit un mouvement, on peut le retarder davantage, et encore ce dernier, et ainsi à l'infini, sans jamais arriver à un tel degré de lenteur qu'on ne puisse encore en descendre à une infinité d'autres, sans tomber dans le repos. De même, quelque grand que soit un nombre, on peut en concevoir un plus grand, et encore un qui surpasse le dernier, et ainsi à l'infini, sans jamais arriver à un qui ne puisse plus être augmenté. Et au contraire, quelque petit que soit un nombre, comme la centième ou la dix-millième partie, on peut encore en concevoir un moindre, et toujours à l'infini, sans arriver au zéro ou néant. Quelque grand que soit un espace, on peut en concevoir un plus grand, et encore un qui le soit davantage, et ainsi à l'infini, sans jamais arriver à un qui ne puisse plus être augmenté. Et au contraire quelque petit que soit un espace, on peut encore en considérer un moindre, et toujours à l'infini, sans jamais arriver à un indivisible qui n'ait plus aucune étendue. Il en est de même du temps. On peut toujours en concevoir un plus grand sans dernier, et un moindre, sans arriver à un instant, et à un pur néant de durée. C'est-à-dire, en un mot (1), que quelque mouvement, quelque nombre, quelque espace, quelque temps que ce soit, il y en a toujours un plus grand et un moindre; de sorte qu'ils se soutiennent tous entre le néant et l'infini, étant toujours infiniment éloignés de ces extrêmes.

Toutes ces vérités ne se peuvent démontrer; et cependant ce sont les fondements et les principes de la géométrie. Mais comme la cause qui les rend incapables de démonstration n'est pas leur obscurité, mais au contraire leur extrême évidence, ce manque de preuve n'est pas un défaut, mais plutôt une perfection. D'où l'on voit que la géométrie ne peut définir les objets, ni prouver les principes; mais par cette seule et avantageuse raison (2), que les uns et les autres sont dans une extrême clarté natu-

(1) Résumé naturel et concis des quatre doubles démonstrations qui précèdent, avec un trait d'éloquence pour terminer. Quel style ! quel génie !

(2) Rappel de ce qui a été précédemment établi et application à l'objet présent : *car qu'y a-t-il de plus évident*, etc.

relle, qui convainc la raison plus puissamment que le discours. Car qu'y a-t-il de plus évident que cette vérité, qu'un nombre, tel qu'il soit, peut être augmenté? ne peut-on pas le doubler? Que la promptitude d'un mouvement peut être doublé, et qu'un espace peut être doublé de même? Et qui peut aussi douter qu'un nombre, tel qu'il soit, ne puisse être divisé par la moitié, et sa moitié encore par la moitié? Car cette moitié serait-elle un néant? Et comment ces deux moitiés, qui seraient deux zéros, feraient-elles un nombre? De même, un mouvement, quelque lent qu'il soit, ne peut-il pas être ralenti de moitié, en sorte qu'il parcoure le même espace dans le double du temps, et ce dernier mouvement encore? Car serait-ce un pur repos? Et comment se pourrait-il que ces deux moitiés de vitesse, qui seraient deux repos, fissent la première vitesse? Enfin un espace, quelque petit qu'il soit, ne peut-il pas être divisé en deux, et ces moitiés encore? Et comment pourrait-il se faire que ces moitiés fussent indivisibles sans aucune étendue, elles qui, jointes ensemble, ont fait la première étendue?

Il n'y a point de connaissance naturelle dans l'homme qui précède celles-là, et qui les surpasse en clarté (1). Néanmoins, afin qu'il y ait exemple de tout, on trouve des esprits excellents en toutes autres choses, que ces infinités choquent, et qui n'y peuvent en aucune sorte consentir.

Je n'ai jamais connu personne qui ait pensé qu'un espace ne puisse être augmenté. Mais j'en ai vu quelques-uns, très habiles d'ailleurs, qui ont assuré qu'un espace pouvait être divisé en deux parties indivisibles, quelque absurdité qu'il s'y rencontre (2). Je me suis attaché à rechercher

(1) Parmi les *merveilleuses propriétés* dont la géométrie s'occupe, il en est qu'elle démontre et d'autres qu'elle suppose. La double infinité de l'espace, du temps, etc., est au nombre de ces dernières. Le géomètre peut en avoir une conscience plus vive par les applications qu'il en fait; mais il ne les démontre pas.

(2) On peut nommer ici le chevalier de Méré. Dans une lettre curieuse, citée par M. Havet (*Pensées*, art. Ier, 1, note 1) il combattait la divisibilité à l'infini. Pascal, écrivant à Fermat, déclare qu'il n'a jamais pu le tirer de cette erreur. Mais tout s'explique : « il a très bon esprit, mais il n'est pas géomètre. » *OEuvres* de Pascal, t. IV, p. 397.)

en eux quelle pouvait être la cause de cette obscurité, et j'ai trouvé qu'il n'y en avait qu'une principale, qui est qu'ils ne sauraient concevoir un continu divisible à l'infini ; d'où ils concluent qu'il n'y est pas divisible. C'est une maladie naturelle à l'homme de croire qu'il possède la vérité directement ; et de là vient qu'il est toujours disposé à nier tout ce qui lui est incompréhensible (1) ; au lieu qu'en effet il ne connaît naturellement que le mensonge, et qu'il ne doit prendre pour véritables que les choses dont le contraire lui paraît faux (2). Et c'est pourquoi, toutes les fois qu'une proposition est inconcevable, il faut en suspendre le jugement et ne pas la nier à cette marque, mais en examiner le contraire ; et si on le trouve manifestement faux, on peut hardiment affirmer la première, toute incompréhensible qu'elle est. Appliquons cette règle à notre sujet.

Il n'y a point de géomètre qui ne croie l'espace divisible à l'infini. On ne peut non plus l'être sans ce principe qu'être homme sans âme. Et néanmoins il n'y en a point qui comprenne une division infinie ; et l'on ne s'assure de cette vérité que par cette seule raison, mais qui est certainement suffisante, qu'on comprend parfaitement qu'il est faux qu'en divisant un espace on puisse arriver à une partie indivisible, c'est-à-dire qui n'ait aucune étendue. Car qu'y a-t-il de plus absurde que de prétendre qu'en

(1) La règle est d'admettre l'incompréhensible, c'est-à-dire le mystère, pour éviter l'inintelligible, c'est-à-dire l'absurde. Ainsi, il faut admettre les attributs de Dieu, malgré ce qu'ils ont d'incompréhensible, pour éviter de nier Dieu, ce qui serait inintelligible. De même, la divisibilité de l'espace à l'infini doit être admise, malgré ce qu'elle a de mystérieux, parce qu'en la niant on tomberait dans l'absurde.

(2) Ainsi, d'après Pascal, si nous le comprenons bien, les seules démonstrations véritables, en géométrie, seraient les démonstrations par l'absurde. Remarquons, en outre, l'analogie de cette assertion générale, l'homme *ne connaît naturellement que le mensonge*, avec l'allégorie de la caverne au livre XII de la *République* de Platon, et avec la théorie moderne qui assimile la perception extérieure à une illusion rectifiée. Peut-être ne faut-il donner à la maxime de Pascal ni cette étendue ni cette précision. Mais on ne peut s'empêcher d'y voir une bonne part de pyrrhonisme. Il serait resté dans le vrai en expliquant tout par les bornes de l'intelligence humaine.

divisant toujours un espace, on arrive enfin à une division telle qu'en la divisant en deux, chacune des moitiés reste indivisible et sans aucune étendue, et qu'ainsi ces deux néants d'étendue fissent ensemble une étendue? Car je voudrais demander à ceux qui ont cette idée (1), s'ils conçoivent nettement que deux indivisibles se touchent; si c'est partout, ils ne sont qu'une même chose, et partant les deux ensemble sont indivisibles; et si ce n'est pas partout, ce n'est donc qu'en une partie; donc ils ont des parties, donc ils ne sont pas indivisibles. Que s'ils confessent, comme en effet ils l'avouent quand on les presse, que leur proposition est aussi inconcevable que l'autre, qu'ils reconnaissent que ce n'est pas par notre capacité à concevoir ces choses que nous devons juger de leur vérité, puisque ces deux contraires étant tous deux inconcevables, il est néanmoins nécessairement certain que l'un des deux est véritable.

Mais qu'à ces difficultés chimériques, et qui n'ont de proportion qu'à notre faiblesse, ils opposent ces clartés naturelles et ces vérités solides : s'il était véritable que l'espace fût composé d'un certain nombre fini d'indivisibles, il s'ensuivrait que deux espaces, dont chacun serait carré, c'est-à-dire égal et pareil de tous côtés, étant doubles l'un de l'autre, l'un contiendrait un nombre de ces indivisibles double du nombre des indivisibles de l'autre. Qu'ils retiennent bien cette conséquence, et qu'ils s'exercent ensuite à ranger des points en carrés jusqu'à ce qu'ils en aient rencontré deux dont l'un ait le double des points de l'autre; et alors je leur ferai céder tout ce qu'il y a de géomètres au monde (2). Mais si la chose est naturellement impossible, c'est-à-dire s'il y a l'impossibilité invincible à ranger des carrés de points, dont l'un en ait le double de l'autre, comme je le démontrerais en ce lieu-là même si la chose méritait qu'on s'y arrêtât, qu'ils en tirent la conséquence.

(1) *Ceux qui ont cette idée*, c'est-à-dire qui nient la divisibilité de l'espace à l'infini.

(2) Pour la seconde fois, l'auteur oppose les géomètres à ceux qui nient la divisibilité de l'espace à l'infini. Voir le commencement de l'alinéa précédent : *il n'y a point de géomètre*, etc.

Et pour les soulager (1) dans les peines qu'ils auraient
en de certaines rencontres, comme à concevoir qu'un
espace ait une infinité de divisibles, vu qu'on les parcourt
en si peu de temps, pendant lequel on aurait parcouru
cette infinité de divisibles, il faut les avertir qu'ils ne doivent
pas comparer des choses aussi disproportionnées qu'est
l'infinité des divisibles avec le peu de temps où ils sont
parcourus; mais qu'ils comparent l'espace entier avec le
temps entier, et les infinis divisibles de l'espace avec
les infinis instants de ce temps ; et ainsi ils trouveront
que l'on parcourt une infinité de divisibles en une
infinité d'instants, et un petit espace en un petit temps;
en quoi il n'y a plus la disproportion qui les avait
étonnés.

Enfin (2), s'ils trouvent étrange qu'un petit espace ait
autant de parties qu'un grand, qu'ils entendent aussi
qu'elles sont plus petites à mesure ; et qu'ils regardent le
firmament au travers d'un petit verre, pour se familiariser
avec cette connaissance, en voyant chaque partie du ciel
en chaque partie du verre. Mais s'ils ne peuvent comprendre que des parties si petites, qu'elles nous sont
imperceptibles, puissent être autant divisées que le firmament, il n'y a pas de meilleur remède que de les leur faire
regarder avec des lunettes qui grossissent cette pointe
délicate jusqu'à une prodigieuse masse ; d'où ils concevront
aisément que par le secours d'un autre verre encore plus
artistement taillé, on pourrait les grossir jusqu'à égaler ce
firmament dont ils admirent l'étendue. Et ainsi ces objets
leur paraissant maintenant très facilement divisibles, qu'ils
se souviennent que la nature peut infiniment plus que
l'art. Car enfin, qui les a assurés que ces verres auront
changé la grandeur naturelle de ces objets, où s'ils auront,
au contraire, rétabli la véritable, que la figure de notre œil
avait changée et raccourcie, comme font les lunettes qui
amoindrissent ?

(1) Après les preuves, vient la réponse aux objections. 1re objection:
Comment peut-on parcourir en peu de temps un espace composé d'une
infinité d'indivisibles?

(2) 2e objection: Comment un petit espace peut-il avoir autant de
parties qu'un grand ?

Il est fâcheux de s'arrêter à ces bagatelles; mais il y a des temps de niaiser (1).

Il suffit de dire à des esprits clairs en cette matière que deux néants d'étendue ne peuvent pas faire une étendue. Mais parce qu'il y en a qui prétendent s'échapper à cette lumière par cette merveilleuse réponse, que deux néants d'étendue peuvent aussi bien faire une étendue que deux unités dont aucune n'est nombre font un nombre par leur assemblage; il faut leur repartir qu'ils pourraient opposer, de la même sorte, que vingt mille hommes font une armée, quoique aucun d'eux ne soit armée; que mille maisons font une ville, quoique aucune ne soit ville; ou que les parties font le tout, quoique aucune ne soit le tout; ou, pour demeurer dans la comparaison des nombres, que deux binaires font le quartenaire, et dix dizaines une centaine, quoique aucun ne le soit. Mais ce n'est pas avoir l'esprit juste que de confondre par des comparaisons si inégales la nature immuable des choses avec leurs noms libres et volontaires, et dépendant du caprice des hommes qui les ont composés. Car il est clair que pour faciliter les discours on a donné le nom d'armée à vingt mille hommes, celui de ville à plusieurs maisons, celui de dizaine à dix unités; et que de cette liberté naissent les noms d'unité, binaire, quaternaire, dizaine, centaine, différents par nos fantaisies, quoique ces choses soient en effet de même genre (2) par leur nature invariable, et qu'elles soient toutes proportionnées entre elles et ne diffèrent que du plus ou du moins, et quoique, ensuite de ces noms, le binaire ne soit pas quaternaire, ni une maison une ville, non plus qu'une ville

___

(1) Cette réflexion plaisante est comme une halte avant la réponse à la 3e objection, qui aura une certaine étendue. Du reste, ce qui justifie les mots *bagatelles, niaiser*, c'est que les discussions de pure dialectique ont souvent une puérilité apparente. Mais attendons la fin. Dans le *Banquet* de Platon, Alcibiade déclare que les discours de Socrate ressemblent, par l'extérieur, à un impudent satyre, mais qu'à l'intérieur ils sont tout divins.

(2) *Quoique ces choses soient en effet de même genre...* et cinq lignes plus loin: *elle n'est pas néanmoins un néant de ville.* Ces expressions surprennent d'abord le lecteur, qui craint quelque subtilité métaphysique. Mais tout cela va être expliqué de la façon la plus large et la plus lumineuse.

n'est pas une maison. Mais encore, quoique une maison ne soit pas une ville, elle n'est pas néanmoins un néant de ville ; il y a bien de la différence entre n'être pas une chose et en être un néant.

Car, afin qu'on entende la chose à fond, il faut savoir que la seule raison pour laquelle l'unité n'est pas au rang des nombres est qu'Euclide et les premiers auteurs qui ont traité d'arithmétique, ayant plusieurs propriétés à donner qui convenaient à tous les nombres hormis à l'unité, pour éviter de dire souvent qu'en tout nombre, hors l'unité, telle condition se rencontre, ils ont exclu l'unité de la signification du mot de nombre, par la liberté que nous avons déjà dit qu'on a de faire à son gré des définitions. Aussi, s'ils eussent voulu, ils en eussent de même exclu le binaire et le ternaire, et tout ce qu'il leur eût plu ; car on en est maître, pourvu qu'on en avertisse ; comme au contraire l'unité se met quand on veut au rang des nombres, et les fractions de même. Et, en effet, l'on est obligé de le faire dans les propositions générales, pour éviter de dire à chaque fois : En tout nombre, et à l'unité et aux fractions, une telle propriété se trouve ; et c'est en ce sens indéfini que je l'ai pris dans tout ce que j'en ai écrit. Mais le même Euclide qui a ôté à l'unité le nom de nombre, ce qui lui a été permis, pour faire entendre néanmoins qu'elle n'en est pas un néant, mais qu'elle est au contraire du même genre, il définit ainsi les grandeurs homogènes. Les grandeurs, dit-il, sont dites être de même genre, lorsque l'une étant plusieurs fois multipliée peut arriver à surpasser l'autre. Et par conséquent, puisque l'unité peut, étant multipliée plusieurs fois, surpasser quelque nombre que ce soit, elle est de même genre que les nombres précisément par son essence, et par sa nature immuable, dans le sens du même Euclide qui a voulu qu'elle ne fût pas appelée nombre.

Il n'en est pas de même d'un indivisible à l'égard d'une étendue ; car, non seulement il diffère de nom, ce qui est volontaire, mais il diffère de genre, par la même définition (1) ; puisqu'un indivisible, multiplié autant de fois

_____

(1) C'est-à-dire par la définition donnée dix lignes plus haut : Les grandeurs, dit-il, sont dites être de même genre, etc.

qu'on voudra, est si éloigné de pouvoir surpasser une étendue, qu'il ne peut jamais former qu'un seul et unique indivisible ; ce qui est naturel et nécessaire, comme il est déjà montré. Et comme cette dernière preuve est fondée sur la définition de ces deux choses, indivisible et étendue, on va achever et consommer la démonstration.

Un indivisible est ce qui n'a aucune partie, et l'étendue est ce qui a diverses parties séparées.

Sur ces définitions, je dis que deux indivisibles étant unis ne font pas une étendue. Car, quand ils sont unis, ils se touchent chacun en une partie ; et ainsi les parties par où ils se touchent ne sont pas séparées, puisque autrement elles ne se toucheraient pas. Or, par leur définition, ils n'ont point d'autres parties ; donc ils n'ont pas de parties séparées ; donc ils ne sont pas une étendue, par la définition de l'étendue, qui porte la séparation des parties. On montrera la même chose de tous les autres indivisibles qu'on y joindra, par la même raison. Et partant, un indivisible multiplié autant qu'on voudra, ne fera jamais une étendue. Donc il n'est pas de même genre que l'étendue, par la définition des choses du même genre.

Voilà comment on démontre que les indivisibles ne sont pas de même genre que les nombres. De là vient que deux unités peuvent bien faire un nombre, parce qu'elles sont de même genre ; et que deux indivisibles ne font pas une étendue, parce qu'ils ne sont pas de même genre. D'où l'on voit combien il y a peu de raison de comparer le rapport qui est entre l'unité et les nombres à celui qui est entre les indivisibles et l'étendue.

Mais si l'on veut prendre dans les nombres une comparaison qui représente avec justesse ce que nous considérons dans l'étendue (1), il faut que ce soit le rapport du zéro aux nombres ; car le zéro n'est pas du même genre que les nombres, parce qu'étant multiplié, il ne peut les surpasser ;

---

(1) Après avoir réfuté une comparaison fausse, l'auteur nous donne la vraie... Il est impossible de ne pas remarquer la marche de ces explications de plus en plus claires, de plus en plus complètes ; puis ce retour à une idée déjà exprimée, mais qui nous apparaît dans une nouvelle lumière : *de sorte qu'elles tiennent toutes le milieu entre l'infini et le néant.*

de sorte que c'est un véritable indivisible de nombre, comme l'indivisible est un véritable zéro d'étendue. Et on en trouvera un pareil entre le repos et le mouvement, et entre un instant et le temps ; car toutes ces choses sont hétérogènes à leurs grandeurs, parce qu'étant infiniment multipliées, elles ne peuvent jamais faire que des indivisibles, non plus que les indivisibles d'étendue, et par la même raison. Et alors on trouvera une correspondance parfaite entre ces choses ; car toutes ces grandeurs sont divisibles à l'infini, sans tomber dans leurs indivisibles, de sorte qu'elles tiennent toutes le milieu entre l'infini et le néant.

Voilà l'admirable rapport que la nature a mis entre ces choses, et les deux merveilleuses infinités qu'elle a proposées aux hommes, non pas à concevoir, mais à admirer ; et pour en finir la considération par une dernière remarque, j'ajouterai que ces deux infinis, quoique infiniment différents, sont néanmoins relatifs l'un à l'autre, de telle sorte que la connaissance de l'un mène nécessairement à la connaissance de l'autre. Car dans les nombres, de ce qu'ils peuvent toujours être augmentés, il s'ensuit absolument qu'ils peuvent toujours être diminués, et cela clairement ; car si l'on peut multiplier un nombre jusqu'à 100,000, par exemple, on peut aussi en prendre une 100,000^e partie, en le divisant par le même nombre qu'on le multiplie, et ainsi tout terme d'augmentation deviendra terme de division, en changeant l'entier en fraction. De sorte que l'augmentation infinie enferme nécessairement aussi la division infinie. Et dans l'espace le même rapport se voit entre ces deux infinis contraires ; c'est-à-dire que, de ce qu'un espace peut être infiniment prolongé, il s'ensuit qu'il peut être infiniment diminué, comme il paraît en cet exemple : Si on regarde au travers d'un verre un vaisseau qui s'éloigne toujours directement, il est clair que le lieu du diaphane où l'on remarque un point tel qu'on voudra du navire haussera toujours par un flux continuel, à mesure que le vaisseau fuit. Donc, si la course du vaisseau est toujours allongée et jusqu'à l'infini, ce point haussera continuellement ; et cependant il n'arrivera jamais à celui où tombera le rayon horizontal mené de l'œil au verre, de sorte qu'il en approchera toujours

sans y arriver jamais, divisant sans cesse l'espace qui restera sous ce point horizontal, sans y arriver jamais. D'où
l'on voit la conséquence nécessaire qui se tire de l'infinité de
l'étendue du cours du vaisseau, à la division infinie et infiniment petite de ce petit espace restant au-dessous de ce
point horizontal (1).

Ceux qui |ne seront pas satisfaits de ces raisons, et qui
demeureront dans la créance que l'espace n'est pas divisible à l'infini, ne peuvent rien prétendre aux démonstrations géométriques; et quoiqu'ils puissent être éclairés en
d'autres choses, ils le seront fort peu en celles-ci; car on
peut aisément être très habile homme et mauvais géomètre.
Mais ceux qui verront clairement ces vérités pourront
admirer la grandeur et la puissance de la nature dans cette
double infinité qui nous environne de toutes parts, et
apprendre par cette considération merveilleuse à se connaître eux-mêmes, en se regardant placés entre une infinité
et un néant d'étendue, entre une infinité et un néant de
nombre, entre une infinité et un néant de mouvement,
entre une infinité et un néant de temps. Sur quoi on peut
apprendre à s'estimer à son juste prix, et former des

(1) Sur cette question de la divisibilité à l'infini, on peut voir la
deuxième antinomie de Kant, dans la *Critique de la raison pure*
(tome II, page 90 de la trad. Tissot). D'après la thèse de cette antinomie, toute substance composée l'est de parties simples; d'après
l'antithèse, aucune chose composée dans le monde ne l'est de parties
simples, et Kant essaye de démontrer l'une et l'autre proposition;
ce qui mettrait la raison en contradiction avec elle-même. La contradiction vient évidemment de ce que l'on applique un idéal à la
réalité concrète; et c'est ce que font également Kant et Pascal.
(Voir sept lignes plus loin : *la puissance de la nature dans cette
double infinité*.) Tant que Pascal parle en géomètre, il est dans le
vrai, parce qu'il se place au point de vue d'une science purement
idéale. Malheureusement, il a aussi en vue le réel, la nature; pour
lui, dans la nature, il y a l'infini en grandeur et en petitesse ; et
l'homme se trouve placé entre ces deux infinis. Cela peut se dire
en un certain sens vague ; mais non dans la rigueur des termes,
non en raisonnant sur le réel concret comme sur l'idéal mathématique; sur la matière comme sur l'espace. Resterait maintenant à
savoir ce que c'est que la matière, s'il faut admettre l'existence
d'étendues déterminées, distinctes de l'espace idéal et indéfini, si la
matière existe indépendamment de la pensée, etc., etc. ; mais ce sont
là d'autres problèmes.

réflexions qui valent mieux que tout le reste de la géométrie même.

J'ai cru être obligé de faire cette longue considération en faveur de ceux qui, ne comprenant pas d'abord cette double infinité, sont capables d'en être persuadés. Et quoiqu'il y en ait plusieurs qui aient assez de lumières pour s'en passer, il peut néanmoins arriver que ce discours, qui sera nécessaire aux uns, ne sera pas entièrement inutile aux autres.....

SECOND FRAGMENT (1)

L'art de persuader a un rapport nécessaire à la manière dont les hommes consentent à ce qu'on leur propose, et aux conditions des choses qu'on veut faire croire (2).

Personne n'ignore qu'il y a deux entrées par où les opinions sont reçues dans l'âme, qui sont ses deux principales puissances, l'entendement et la volonté. La plus naturelle est celle de l'entendement, car on ne devrait jamais consentir qu'aux vérités démontrées; mais la plus ordinaire, quoique contre la nature, est celle de la volonté (3), car tout ce qu'il y a d'hommes sont presque toujours emportés à croire non pas par la preuve, mais par l'agrément. Cette voie est basse, indigne, et étrangère; aussi tout le monde la désavoue (4). Chacun fait profession de ne croire et même de n'aimer que ce qu'il sait le mériter.

Je ne parle pas ici des vérités divines, que je n'aurai

(1) C'est celui que l'éditeur Bossut a intitulé : *De l'art de persuader*. Sauf en ce qui concerne l'art d'agréer, il porte sur le même objet que le précédent; mais le travail, sans être complet, est poussé plus loin et la rédaction est moins développée.

(2) Aussi les règles de la rhétorique reposent tantôt sur la considération de nos facultés, comme Pascal va l'expliquer, tantôt sur les objets dont on s'occupe, comme lorsqu'on distingue les genres délibératif, démonstratif et judiciaire.

(3) Le mot *volonté* désignait alors ce que l'on appelle aujourd'hui la sensibilité morale. On disait au xviiᵉ siècle, *les inclinations de la volonté*.

(1) Excès de sévérité. Voir notre introduction.

garde de faire tomber sous l'art de persuader, car elles sont infiniment au-dessus de la nature ; Dieu seul peut les mettre dans l'âme, et par la manière qu'il lui plaît (1). Je sais qu'il a voulu qu'elles entrent du cœur dans l'esprit, et non pas de l'esprit dans le cœur, pour humilier cette superbe puissance du raisonnement, qui prétend devoir être juge des choses que la volonté choisit, et pour guérir cette volonté infirme, qui s'est toute corrompue par ses sales attachements. Et de là vient qu'au lieu qu'en parlant de choses humaines, on dit qu'il faut les connaître avant que de les aimer, ce qui a passé en proverbe (2), les saints au contraire disent en parlant des choses divines, qu'il faut les aimer pour les connaître, et qu'on n'entre dans la vérité que par la charité (3); dont ils ont fait une de leurs plus utiles sentences. En quoi il paraît que Dieu a établi cet ordre surnaturel, et tout contraire à l'ordre qui devait être naturel aux hommes dans les choses naturelles. Ils ont néanmoins corrompu cet ordre en faisant des choses profanes ce qu'ils devaient faire des choses saintes, parce qu'en effet nous ne croyons presque que ce qui nous plaît. Et de là vient l'éloignement où nous sommes de consentir aux vérités de la religion chrétienne, toute opposée à nos plaisirs. Dites-nous des choses agréables et nous vous écouterons, disaient les Juifs à Moïse; comme si l'agrément devait régler la créance ! Et c'est pour punir ce désordre par un ordre qui lui est conforme, que Dieu ne verse ses lumières dans les esprits qu'après avoir dompté la rébellion de la volonté par une douceur toute céleste qui la charme et qui l'entraîne (4).

Je ne parle donc que des vérités de notre portée ; et c'est d'elles que je dis que l'esprit et le cœur sont comme les

(1) L'homme y est aussi pour quelque chose. Il *coopère* à la grâce.

(2) *Ignoti nulla cupido.* Le sentiment diffère de la sensation en ce qu'il se produit à la suite d'un fait intellectuel.

(3) En rapprochant cette maxime d'un passage des *Pensées* (XXIII, 6), on voit que par charité Pascal entend l'amour de Dieu et du vrai. Mais on pourrait aussi dire, selon nous, que la charité envers les hommes est un chemin pour arriver à la vérité. Pascal n'aurait pas désavoué cette extension donnée à sa maxime.

(4) Cette douceur s'appelle, en théologie, la grâce.

portes par où elles sont reçues dans l'âme, mais que bien peu entrent par l'esprit, au lieu qu'elles y sont introduites en foule par les caprices téméraires de la volonté, sans le conseil du raisonnement.

Ces puissances ont chacune leurs principes et les premiers promoteurs de leurs actions. Ceux de l'esprit sont des vérités naturelles et connues à tout le monde, comme, que le tout est plus grand que sa partie, outre plusieurs axiomes particuliers, que les uns reçoivent et non pas d'autres, mais qui, dès qu'ils sont admis, sont aussi puissants, quoique faux, pour emporter la créance, que les plus véritables (1). Ceux de la volonté sont de certains désirs naturels et communs à tous les hommes, comme le désir d'être heureux, que personne ne peut pas ne pas avoir (2), outre plusieurs objets particuliers que chacun suit pour y arriver, et qui, ayant la force de nous plaire, sont aussi forts, quoique pernicieux en effet, pour faire agir la volonté, que s'ils faisaient son véritable bonheur.

Voilà pour ce qui regarde les puissances qui nous portent à consentir. Mais pour les qualités des choses que nous devons persuader, elles sont bien diverses.

Les unes se tirent, par une conséquence nécessaire, des principes communs et des vérités avouées. Celles-là peuvent être infailliblement persuadées; car en montrant le rapport qu'elles ont avec les principes accordés, il y a une nécessité inévitable de convaincre, et il est impossible qu'elles ne soient pas reçues dans l'âme dès qu'on a pu les enrôler à ces vérités qu'elle a déjà admises.

Il y en a qui ont une union étroite avec les objets de notre satisfaction; et celles-là sont encore reçues avec certitude, car aussitôt qu'on fait apercevoir à l'âme qu'une

---

(1) L'idéologie moderne a essayé de mettre de l'ordre dans la théorie des axiomes. Par exemple, Leibnitz les réduit tous à deux, le principe de contradiction et celui de raison suffisante. (Voir la Monodologie): d'autres les ramènent à un seul (Magy : *Mémoire sur la loi fondamentale de la raison humaine.* Fouillée : *Philosophie de Platon.*) Pascal parle des axiomes particuliers *que les uns reçoivent et non pas d'autres.* La méthode syllogistique avait, en effet, multiplié les prétendus.

(2) Voir, dans le *Traité des facultés de l'âme,* de Garnier, une étude remarquable, quoique un peu longue, sur les inclinations.

chose peut la conduire à ce qu'elle aime souverainement, il est inévitable qu'elle ne s'y porte avec joie.

Mais celles qui ont cette liaison tout ensemble, et avec les vérités avouées, et avec les désirs du cœur, sont si sûres de leur effet, qu'il n'y a rien qui le soit davantage dans la nature. Comme, au contraire, ce qui n'a de rapport ni à nos créances ni à nos plaisirs nous est importun, faux et absolument étranger.

En toutes ces rencontres (1) il n'y a point à douter. Mais il y en a où les choses qu'on veut faire croire sont bien établies sur des vérités connues, mais qui sont en même temps contraires aux plaisirs qui nous touchent le plus. Et celles-là sont en grand péril de faire voir, par une expérience qui n'est que trop ordinaire, ce que je disais au commencement : que cette âme impérieuse, qui se vantait de n'agir que par raison, suit par un choix honteux et téméraire ce qu'une volonté corrompue désire, quelque résistance que l'esprit trop éclairé puisse y opposer (2). C'est alors qu'il se fait un balancement douteux entre la vérité et la volupté, et que la connaissance de l'une et le sentiment de l'autre font un combat dont le succès est bien incertain, puisqu'il faudrait, pour en juger, connaître tout ce qui se passe dans le plus intérieur de l'homme, que l'homme même ne connaît presque jamais.

Il paraît de là que, quoi que ce soit qu'on veuille persuader, il faut avoir égard à la personne à qui on en veut (3), dont il faut connaître l'esprit et le cœur, quels principes il accorde, quelles choses il aime, et ensuite remarquer, dans la chose dont il s'agit, quels rapports elle a avec les principes avoués, ou avec les objets délicieux par les charmes qu'on lui donne. De sorte que l'art de persuader consiste

(1) C'est-à-dire dans les quatre cas précédemment cités.

(2) Remarquons bien la situation morale décrite par notre auteur. Ce n'est pas entre (deux actions, mais entre deux opinions, deux croyances que les lumières de l'esprit et les passions du cœur nous font hésiter.

(3) Platon, dans le *Phèdre*, donne une forme piquante et dramatique à l'expression de la même pensée : On atteindra la perfection de l'art, dit-il, si, en rencontrant un individu, on est capable de le reconnaître et de se dire à soi-même : Voici mon homme, voici le caractère que l'on m'a dépeint : il est devant moi.

autant en celui d'agréer qu'en celui de convaincre, tant es hommes se gouvernent plus par caprice que par raison !

Or, de ces deux méthodes, l'une de convaincre, l'autre d'agréer, je ne donnerai ici les règles que de la première, et encore au cas qu'on ait accordé les principes et qu'on demeure ferme à les avouer; autrement je ne sais s'il y aurait un art pour accommoder les preuves à l'inconstance de nos caprices. Mais la manière d'agréer est bien sans comparaison plus difficile, plus subtile, plus utile, et plus admirable; aussi si je n'en traite pas, c'est parce que je n'en suis pas capable; et je m'y sens tellement disproportionné, que je crois la chose absolument impossible (1). Ce n'est pas que je ne croie qu'il y ait des règles aussi sûres pour plaire que pour démontrer, et que qui les saurait parfaitement connaître et pratiquer ne réussît aussi sûrement à se faire aimer des rois et de toutes sortes de personnes, qu'à démontrer les éléments de la géométrie à ceux qui ont assez d'imagination pour en comprendre les hypothèses. Mais j'estime, et c'est peut-être ma faiblesse qui me le fait croire, qu'il est impossible d'y arriver. Au moins je sais que si quelqu'un en est capable, ce sont des personnes que je connais, et qu'aucun autre n'a sur cela de si claires et de si abondantes lumières (2).

La raison de cette extrême difficulté vient de ce que les principes du plaisir ne sont pas fermes et stables. Ils sont divers en tous les hommes, et variables dans chaque particulier avec une telle diversité, qu'il n'y a point d'homme plus différent d'un autre que de soi-même dans les divers

(1) Très difficile, sans doute, et Pascal le montre en termes excellents ; mais il exagère un peu. Voir notre introduction.
(2) La personne dont il s'agit est sans doute Nicole, le futur auteur du *Traité des moyens de conserver la paix avec les hommes*. Plus tard, Nicole rendra le compliment à Pascal, dans la *Logique de Port-Royal*, en disant *qu'il savait autant de rhétorique que personne en ait jamais su*. On peut avoir une idée juste de la rhétorique de Pascal, en consultant l'introduction de M. Havet, page 16, 3e édit. et page 7. 1re édit. des *Pensées*: « Géométrie et passion, voilà tout l'esprit de Pascal... etc. » L'exact commentateur a recueilli, dans les *Pensées*, tous les préceptes de cette rhétorique austère « rien de trop ni rien de manque ; point de fausses beautés ; rien qui masque ; qu'on voie l'homme et non pas l'auteur. »

temps. Un homme a d'autres plaisirs qu'une femme; un riche et un pauvre en ont de différents; un prince, un homme de guerre, un marchand, un bourgeois, un paysan, les vieux, les jeunes, les sains, les malades, tous varient; les moindres accidents les changent (1). Or, il y a un art, et c'est celui que je donne, pour faire voir la liaison des vérités avec leurs principes, soit de vrai, soit de plaisir, pourvu que les principes qu'on a une fois avoués demeurent fermes et sans être jamais démentis. Mais, comme il y a peu de principes de cette sorte, et que, hors de la géométrie, qui ne considère que des figures très simples, il n'y a presque point de vérités dont nous demeurions toujours d'accord, et encore moins d'objets de plaisir dont nous ne changions à toute heure, je ne sais s'il y a moyen de donner des règles fermes pour accorder les discours à l'inconstance de nos caprices.

Cet art, que j'appelle l'art de persuader, et qui n'est proprement que la conduite des preuves méthodiques parfaites, consiste en trois parties essentielles : à définir les termes dont on doit se servir par des définitions claires; à proposer des principes ou axiomes évidents pour prouver la chose dont il s'agit; et à substituer toujours mentalement dans la démonstration les définitions à la place des définis.

La raison de cette méthode est évidente, puisqu'il serait inutile de proposer ce qu'on veut prouver et d'en entreprendre la démonstration, si on n'avait auparavant défini clairement tous les termes qui ne sont pas intelligibles; et qu'il faut de même que la démonstration soit précédée de la demande des principes évidents qui y sont nécessaires, car si l'on n'assure le fondement on ne peut assurer l'édifice; et qu'il faut enfin, en démontrant, substituer mentalement les définitions à la place des définis, puisque autrement on pourrait abuser des divers sens qui se rencontrent dans les

(1) Comme on l'a déjà vu dans l'introduction, Pascal ne considère ici le plaisir que sous son aspect mobile et multiple : mais ce phénomène fuyant devient chose intelligible dans la théorie très acceptable qui le rattache au développement régulier de la vie. Aristote dit excellemment que le plaisir est l'efflorescence de l'action, qu'il est à l'activité réglée ce que la fleur de la jeunesse est à la jeunesse elle-même.

termes (1). Il est facile de voir qu'en observant cette
méthode on est sûr de convaincre, puisque, les termes
étant tous entendus et parfaitement exempts d'équivoques
par les définitions, et les principes étant accordés, si dans
la démonstration on substitue toujours mentalement les
définitions à la place des définis, la force invincible des
conséquences ne peut manquer d'avoir tout son effet.
Aussi jamais une démonstration dans laquelle ces circonstances sont gardées n'a pu recevoir le moindre doute; et
jamais celles où elles manquent ne peuvent avoir de force.
Il importe donc bien de les comprendre et de les posséder;
et c'est pourquoi, pour rendre la chose plus facile et plus
présente, je les donnerai toutes, en ce peu de règles qui
enferment tout ce qui est nécessaire pour la perfection des
définitions, des axiomes et des démonstrations, et par conséquent de la méthode entière des preuves géométriques de
l'art de persuader (2).

Règles pour les définitions. — I. N'entreprendre de définir aucune des choses tellement connues d'elles-mêmes,
qu'on n'ait point de termes plus clairs pour les expliquer.
II. N'omettre aucun des termes un peu obscurs ou équivoques, sans définition. III. N'employer dans la définition des
termes que des mots parfaitement connus, ou déjà expliqués.

(1) On se rappelle avec quelle force Pascal a insisté sur ce point
dans le premier fragment.
(2) Complétons ici les brèves indications de Pascal par quelques
remarques sur le rôle des axiomes et des définitions dans la démonstration mathématique. Nous empruntons ces remarques à un livre où
les questions sont traitées avec une entière compétence et circons-
crites par la critique la plus rigoureuse. — Les axiomes énoncent des
rapports généraux entre des grandeurs *indéterminées*. Or, en mathématiques, on opère toujours sur des grandeurs déterminées. Les axiomes
n'interviennent donc pas directement dans la démonstration. C'est ce
que Locke a soutenu avec raison. Quel est donc le rôle des axiomes?
Ils sont la garantie de la liaison nécessaire des notions mathématiques; mais ce sont des cadres vides; pour les remplir, les définitions sont nécessaires. Les définitions sont les principes *propres* de
chaque démonstration. Elles servent d'abord à comprendre la question;
car le problème à résoudre ou le théorème à établir résulte toujours
de l'essence de chacun des termes. Elles servent aussi à résoudre
la question; car pour trouver le rapport inconnu de deux extrêmes
donnés, on intercale un certain nombre de grandeurs équivalentes,
dont la nature doit être connue. (Liard. *Logique*, liv. II, chap. v.)

Règles pour les axiomes. — I. N'omettre aucun des principes nécessaires sans avoir demandé si on l'accorde, quelque clair et évident qu'il puisse être. II. Ne demander, en axiomes, que des choses parfaitement évidentes d'elles-mêmes.

Règles pour les démonstrations. — I. N'entreprendre de démontrer aucune des choses qui sont tellement évidentes d'elles-mêmes qu'on n'ait rien de plus clair pour les prouver. II. Prouver toutes les propositions un peu obscures, et n'employer à leur preuve que des axiomes très évidents, ou des propositions déjà accordées ou démontrées. III. Substituer toujours mentalement les définitions à la place des définis, pour ne pas se tromper par l'équivoque des termes, que les définitions ont restreints.

Voilà les huit règles qui contiennent tous les préceptes des preuves solides et immuables. Desquelles il y en a trois qui ne sont pas absolument nécessaires, et qu'on peut négliger sans erreur; qu'il est même difficile et comme impossible d'observer toujours exactement, quoiqu'il soit plus parfait de le faire autant qu'on peut; ce sont les trois premières de chacune des parties :

Pour les définitions : Ne définir aucun des termes qui sont parfaitement connus.

Pour les axiomes : N'omettre à demander aucun des axiomes parfaitement évidents et simples (1).

Pour les démonstrations : Ne démontrer aucune des choses très connues d'elles-mêmes (2).

Car il est sans doute, que ce n'est pas une grande faute de définir et d'expliquer bien clairement des choses, quoique très claires d'elles-mêmes, ni d'omettre à demander par avance des axiomes qui ne peuvent être refusés au lieu où ils sont nécessaires, ni enfin de prouver des propositions qu'on accorderait sans preuves. Mais les cinq autres règles

(1) Cette règle est d'autant moins nécessaire que, comme l'indique la note précédente, les axiomes sont stériles par eux-mêmes et n'interviennent pas directement dans la démonstration.

(2) Euclide a eu le tort de vouloir prouver que deux côtés d'un triangle pris ensemble sont plus grands qu'un seul (voyez Port-Royal, *Logique*. 4ᵉ partie ; chap. xi). Cependant Pascal a le droit d'écarter cette règle que l'on peut très bien sous-entendre.

sont d'une nécessité absolue, et on ne peut s'en dispenser sans un défaut essentiel et souvent sans erreur; et c'est pourquoi je les reprendrai ici en particulier.

Règles nécessaires pour les définitions. — N'omettre aucun des termes un peu obscurs ou équivoques, sans définition. N'employer dans les définitions que des termes parfaitement connus ou déjà expliqués.

Règle nécessaire pour les axiomes. — Ne demander en axiomes que des choses parfaitement évidentes.

Règles nécessaires pour les démonstrations. — Prouver toutes les propositions, en n'employant à leur preuve que des axiomes très évidents d'eux-mêmes, ou des propositions déjà démontrées ou accordées. N'abuser jamais de l'équivoque des termes, en manquant de substituer mentalement les définitions qui les restreignent et les expliquent (1).

Voilà les cinq règles qui forment tout ce qu'il y a de nécessaire pour rendre les preuves convaincantes, immuables, et, pour tout dire, géométriques; et les huit règles ensemble les rendent encore plus parfaites.

Je passe maintenant à celle de l'ordre dans lequel on doit disposer les propositions, pour être dans une suite excellente et géométrique (2).

(1) Dans le chap. IV, 4ᵉ partie, de la *Logique de Port-Royal*, Arnauld donne un commentaire intéressant de cette règle et de la seconde touchant les définitions. Euclide, dit-il, définit d'abord l'angle plan rectiligne *la rencontre de deux lignes droites inclinées sur un même plan*, et plus loin il enseigne à diviser un angle en deux. Or, on ne peut diviser la rencontre de deux lignes, qui n'est qu'un point. Euclide s'est donc mal exprimé d'abord, et dans la suite, il substitue une autre idée à celle qu'il avait désignée au commencement. Même défaut dans la manière dont ce géomètre définit les proportions. Sa définition s'applique confusément aux proportions arithmétiques et géométriques qu'il est bien forcé de distinguer plus loin.

(2) Pascal n'a pas traité cette seconde partie. S'il en avait eu le temps, il aurait sans doute montré ce bel ordre du simple au complexe, qui nous frappe au premier coup d'œil dans tout bon traité d'arithmétique, de géométrie ou de mécanique. Les condillaciens aimaient à exposer, pour l'instruction des philosophes, cette génération régulière d'idées, en vertu de laquelle la numération devient addition, puis multiplication, puis élévation aux puissances; de même la dénumération (mot inventé, je crois, par Condillac), devient soustraction, puis division, puis extraction des racines, etc. Arnauld avait

Après avoir établi.....

Voilà en quoi consiste cet art de persuader, qui se renferme dans ces deux principes : Définir tous les noms qu'on impose. Prouver tout, en substituant mentalement les définitions à la place des définis.

Sur quoi il me semble à propos de prévenir trois objections principales qu'on pourra faire. L'une, que cette méthode n'a rien de nouveau; l'autre, qu'elle est bien facile à apprendre, sans qu'il soit nécessaire pour cela d'étudier les éléments de géométrie, puisqu'elle consiste en ces deux mots qu'on sait à la première lecture; et enfin qu'elle est assez inutile, puisque son usage est presque renfermé dans les seules matières géométriques. Il faut donc faire voir qu'il n'y a rien de si inconnu, rien de plus difficile à pratiquer, et rien de plus utile et de plus universel (1).

Pour la première objection, qui est que ces règles sont communes dans le monde, qu'il faut tout définir et tout prouver, et que les logiciens mêmes les ont mises entre les préceptes de leur art, je voudrais que la chose fût véritable, et qu'elle fût si connue, que je n'eusse pas eu la peine de rechercher avec tant de soin la source de tous les défauts des raisonnements, qui sont véritablement communs. Mais cela l'est si peu que, si l'on en excepte les seuls géomètres, qui sont en si petit nombre qu'ils sont uniques en tout un peuple et dans un long temps, on n'en voit aucun qui le sache aussi. Il sera aisé de le faire entendre à ceux qui auront parfaitement compris le peu que j'en ai dit; mais s'ils ne l'ont pas conçu parfaitement, j'avoue qu'ils n'y auront rien à y apprendre. Mais s'ils sont entrés dans l'esprit de ces règles (2), et qu'elles aient assez fait d'impression pour s'y enraciner et s'y affermir, ils sentiront combien il y a de différence entre ce qui est dit ici et ce que quelques logiciens en ont peut-être écrit d'approchant au hasard, en quelques lieux de leurs ouvrages.

---

aussi le sentiment de cet ordre. On le voit aux reproches qu'il adresse à Euclide (*Logique de Port-Royal*, 1ʳᵉ partie, chap. ix).

(1) L'auteur n'a répondu qu'à la première objection.

(2) Remarquer cette expression : *entrer dans l'esprit de ces règles*, et plus loin : *ceux qui ont l'esprit de discernement*.

Ceux qui ont l'esprit de discernement savent combien il y a de différence entre deux mots semblables, selon les lieux et les circonstances qui les accompagnent. Croira-t-on, en vérité, que deux personnes qui ont lu et appris par cœur le même livre le sachent également, si l'un le comprend en sorte qu'il en sache tous les principes, la force des conséquences, les réponses aux objections qu'on y peut faire, et toute l'économie de l'ouvrage ; au lieu qu'en l'autre ce soient des paroles mortes, et des semences qui, quoique pareilles à celles qui ont produit des arbres si fertiles, sont demeurées sèches et infructueuses dans l'esprit stérile qui les a reçues en vain ? Tous ceux qui disent les mêmes choses ne les possèdent pas de la même sorte ; et c'est pourquoi l'incomparable auteur de l'*Art de conférer* (1) s'arrête avec tant de soin à faire entendre qu'il ne faut pas juger de la capacité d'un homme par l'excellence d'un bon mot (2) qu'on lui entend dire : mais au lieu d'étendre l'admiration d'un bon discours à la personne, qu'on pénètre, dit-il, l'esprit d'où il sort ; qu'on tente s'il le tient de sa mémoire ou d'un heureux hasard ; qu'on le reçoive avec froideur et avec mépris, afin de voir s'il ressentira qu'on ne donne pas à ce qu'il dit l'estime que son prix mérite : on verra le plus souvent qu'on le lui fera désavouer sur l'heure, et qu'on le tirera bien loin de cette pensée, meilleure qu'il ne croit, pour le jeter dans une autre toute basse et ridicule. Il faut donc sonder comme cette pensée est logée (3) en son auteur ; comment, par où, jusqu'où il la possède : autrement, le jugement précipité sera jugé téméraire.

Je voudrais demander à des personnes équitables si ce principe : La matière est dans une incapacité naturelle invincible de penser, et celui-ci : Je pense, donc je suis, sont en effet les mêmes dans l'esprit de Descartes et dans l'esprit de saint Augustin, qui a dit la même chose douze cents ans auparavant.

(1) Montaigne, qui exprime à sa manière les mêmes idées que Pascal, au 8ᵉ chap. du liv. III des *Essais*.

(2) *Bon mot* signifie aujourd'hui plaisanterie. Pascal le prend évidemment dans un sens plus général.

(3) *Est logée*, expression empruntée à Montaigne.

En vérité, je suis bien éloigné de dire que Descartes n'en soit pas le véritable auteur, quand même il ne l'aurait appris que dans la lecture de ce grand saint (1) ; car je sais combien il y a de différence entre écrire un mot à l'aventure, sans y faire une réflexion plus longue et plus étendue, et apercevoir dans ce mot une suite admirable de conséquences, qui prouve la distinction des natures matérielle et spirituelle, et en faire un principe ferme et soutenu d'une physique entière, comme Descartes a prétendu faire (2). Car, sans examiner s'il a réussi efficacement dans sa prétention, je suppose qu'il l'ait fait, et c'est dans cette supposition que je dis que ce mot est aussi différent dans ses écrits d'avec le même mot dans les autres qui l'ont dit en passant, qu'un homme plein de vie et de force d'avec un homme mort.

Tel dira une chose de soi-même sans en comprendre l'excellence, où un autre comprendra une suite merveilleuse de conséquences qui nous font dire hardiment que ce n'est plus le même mot, et qu'il ne le doit non plus à celui d'où il l'a appris, qu'un arbre admirable n'appartiendra pas à celui qui en aurait jeté la semence, sans y penser et sans la connaître, dans une terre abondante, qui en aurait profité de la sorte par sa propre fertilité.

Les mêmes pensées poussent quelquefois tout autrement dans un autre que dans leur auteur: infertiles dans leur champ naturel, abondantes étant transplantées. Mais il arrive bien plus souvent qu'un bon esprit fait produire lui-même à ses propres pensées tout le fruit dont elles sont capables, et qu'ensuite quelques autres, les ayant ouï

(1) Arnauld, dans ses remarques sur les *Méditations*, avertit Descartes de la ressemblance de son aphorisme avec certains passages de saint Augustin. Descartes l'en remercie et dit que s'il avait connu plus tôt ces analogies, il n'aurait pas manqué de s'en prévaloir (Voyez Bouillier : *Histoire de la philosophie cartésienne*, tom. I, p. 71).

(2) Le *je pense*, etc., est encore la réfutation du scepticisme, l'application et, par suite, la confirmation de la règle de l'évidence, l'indication de la vraie méthode. C'est là, comme le dit Pascal, une suite admirable de conséquences. Mais elles n'avaient pas complètement échappé à saint Augustin, comme on peut s'en convaincre en lisant les passages des *Soliloques*, de la *Cité de Dieu* et du *De Trinitate* que l'on a rapprochés du mot de Descartes. (Bouillier : *ibid, ibid.*)

estimer, les empruntent et s'en parent, mais sans en connaître l'excellence ; et c'est alors que la différence d'un même mot en diverses bouches parait le plus.

C'est de cette sorte que la logique a peut-être emprunté les règles de la géométrie sans en comprendre la force ; et ainsi, en les mettant à l'aventure parmi celles qui lui sont propres, il ne s'ensuit pas de là qu'ils (1) aient entré dans l'esprit de la géométrie ; et je serai bien éloigné, s'ils n'en donnent pas d'autres marques que de l'avoir dit en passant, de les mettre en parallèle avec cette science, qui apprend la véritable méthode de conduire la raison. Mais je serai au contraire bien disposé à les en exclure, et presque sans retour. Car de l'avoir dit en passant, sans avoir pris garde que tout est renfermé là-dedans, et, au lieu de suivre ces lumières, s'égarer à perte de vue après des recherches inutiles, pour courir à ce que celles-là offrent et qu'elles ne peuvent donner, c'est véritablement montrer qu'on n'est guère clairvoyant, et bien plus que si l'on avait manqué de les suivre parce que l'on ne les avait pas aperçues.

La méthode de ne point errer est recherchée de tout le monde. Les logiciens font profession d'y conduire, les géomètres seuls y arrivent (2), et, hors de leur science et de ce qui l'imite, il n'y a point de véritables démonstrations. Tout l'art en est renfermé dans les seuls préceptes que nous avons dits ; ils suffisent seuls, ils prouvent seuls ; toutes les autres règles sont inutiles ou nuisibles. Voilà ce que je sais par une longue expérience de toutes sortes de livres et de personnes.

Et sur cela je fais le même jugement de ceux qui disent que les géomètres ne leur donnent rien de nouveau par ces règles, parce qu'ils les avaient en effet, mais confondues parmi une multitude d'autres inutiles ou fausses dont ils ne pouvaient pas les discerner, que de ceux qui, cherchant un diamant de grand prix parmi un grand nombre de faux, mais qu'ils n'en sauraient pas distinguer, se vanteraient, en les tenant tous ensemble, de posséder le véritable aussi

(1) *Ils* désigne les logiciens et s'accorde par syllepse avec le sujet exprimé plus haut : *la logique.*

(2) Exagération qui rappelle cette autre : ce qui passe la géométrie nous surpasse.

bien que celui qui, sans s'arrêter à ce vil amas, porte la main sur la pierre choisie que l'on recherche, et pour laquelle on ne jetait pas tout le reste.

Le défaut d'un raisonnement faux est une maladie qui se guérit par ces deux remèdes (1). On en a composé un autre d'une infinité d'herbes inutiles, où les bonnes se trouvent enveloppées, et où elles demeurent sans effet, par les mauvaises qualités de ce mélange. Pour découvrir tous les sophismes et toutes les équivoques des raisonnements captieux, ils ont inventé des noms barbares, qui étonnent ceux qui les entendent ; et au lieu qu'on ne peut débrouiller tous les replis de ce nœud si embarrassé qu'en tirant l'un des bouts que les géomètres assignent, ils en ont marqué un nombre étrange d'autres où ceux-là se trouvent compris, sans qu'ils sachent lequel est le bon. Et ainsi, en nous montrant un nombre de chemins différents qu'ils disent nous conduire où nous tendons, quoiqu'il n'y en ait que deux qui y mènent (il faut savoir les marquer en particulier), on prétendra que la géométrie, qui les assigne certainement, ne donne que ce qu'on avait déjà des autres, parce qu'ils donnaient en effet la même chose et davantage ; sans prendre garde que ce présent perdait son prix par son abondance, et qu'il ôtait en ajoutant (2).

Rien n'est plus commun que les bonnes choses, il n'est question que de les discerner ; et il est certain qu'elles sont toutes naturelles et à notre portée, et même connues de tout le monde, mais on ne sait pas les distinguer. Ceci est universel. Ce n'est pas dans les choses extraordinaires et

---

(1) Commencer par définir les termes et, dans la suite du raisonnement, substituer mentalement la définition au terme défini.

(2) Reconnaissons que Pascal avait raison de vouloir simplifier la méthode et que les logiciens avaient chargé la théorie du syllogisme de complications inutiles. Mais n'oublions pas qu'après tout le raisonnement mathématique n'est qu'une des formes du raisonnement. La démonstration mathématique est une série plus ou moins compliquée de substitutions de grandeurs équivalentes. Or, outre le rapport d'égalité marqué par toute proposition mathématique, il peut y avoir, entre un sujet et un attribut, des rapports d'inclusion et d'identité ; et ces rapports peuvent être le point de départ d'inférences dont la chaîne est plus ou moins longue, mais où l'esprit humain trouve la certitude. (Voir, sur les démonstrations mathématiques, Liard, *Logique*, page 86.

bizarres que se trouve l'excellence de quelque genre que
ce soit. On s'élève pour y arriver et on s'en éloigne ; il faut
le plus souvent s'abaisser. Les meilleurs livres sont ceux,
que ceux qui les lisent, croient qu'ils auraient pu faire. La
nature, qui seule est bonne, est toute familière et commune.

Je ne fais donc pas de doute que ces règles, étant les
véritables, ne doivent être simples, naïves, naturelles,
comme elles le sont. Ce n'est pas *barbara* et *baralipton* (1)
qui forment le raisonnement. Il ne faut pas guinder l'esprit ;
les manières tendues et pénibles le remplissent d'une sotte
présomption par une élévation étrangère et par une enflure
vaine et ridicule, au lieu d'une nourriture solide et vigou-
reuse. Et l'une des raisons principales qui éloignent autant
ceux qui entrent dans ces connaissances du véritable chemin qu'ils doivent suivre, est l'imagination qu'on prend
d'abord que les bonnes choses sont inaccessibles, en leur
donnant le nom de grandes, hautes, élevées, sublimes.
Cela perd tout. Je voudrais les nommer basses, communes,
familières : ces noms-là leur conviennent mieux ; je hais
ces mots d'enflure (2).

(1) Barbara, baralipton : termes désignant les modes du syllogisme,
c'est-à-dire les variétés de syllogismes résultant de la nature des
propositions, lesquelles étaient désignées par les lettres a, e, i, o,
suivant qu'elles étaient affirmatives universelles, négatives universelles,
etc. Ainsi un syllogisme en barbara, est un syllogisme dont les trois
propositions sont des affirmatives universelles ; un syllogisme en baralipton renferme deux affirmatives universelles et une affirmative particulière ; la quatrième syllabe *ton* ne compte pas, puisqu'il n'y a que
trois propositions ; elle arrive là pour achever le vers ; car tous ces
termes étaient mis en vers.

(2) Imitation originale de divers passages des *Essais*, de Montaigne.
Malgré les différences de points de vue, rapprochons ces idées de
celles qu'exprime Condillac dans la première partie de sa *Logique*.
La nature et la manière dont elle nous enseigne l'analyse, tel est le
sujet de cette première partie. Par exemple, un enfant acquiert ses
premières connaissances en suivant les leçons de la *nature*. Les
erreurs commencent lorsque nous jugeons des choses qui ont peu de
rapports avec nos besoins, parce qu'alors la *nature* cesse de nous
avertir de nos méprises. Les esprits justes font de bonnes études sans
suivre les leçons d'aucun maître, parce qu'ils ont la meilleure de
tous, la *nature*. Les petites couturières, qui défont une robe pour
en faire une autre semblable, connaissent l'analyse mieux que les philosophes, etc.

ENTRETIEN AVEC M. DE SACY

SUR ÉPICTÈTE ET MONTAIGNE (1)

M. Pascal vint aussi en ce temps-là [1654], demeurer à Port-Royal des Champs (2). Je ne m'arrête point à dire qui était cet homme, que non seulement toute la France, mais que toute l'Europe a admiré. Son esprit toujours vif, toujours agissant, était d'une étendue, d'une élévation, d'une sûreté, d'une pénétration et d'une netteté au delà de ce qu'on peut croire... Cet homme admirable, enfin, étant touché de Dieu, soumit cet esprit si élevé au joug de Jésus-Christ, et ce cœur si noble et si grand embrassa avec humilité la pénitence. Il vint à Paris se jeter entre les bras de M. Singlin, résolu de faire tout ce qu'il lui ordonnerait. M. Singlin crut, en voyant ce grand génie, qu'il ferait bien de l'envoyer à Port-Royal, où M. Arnauld lui prêterait le collet (3) en ce qui regarde les hautes sciences, et où M. de Sacy lui apprendrait à les mépriser. Il vint donc demeurer à Port-Royal. M. de Sacy ne put se dispenser de le voir par honnêteté, surtout en ayant été prié par M. Singlin; mais les lumières saintes qu'il trouvait dans l'Écriture et les Pères lui firent espérer qu'il ne serait pas ébloui de tout le brillant de M. Pascal qui charmait néanmoins et enlevait tout le monde. Il trouvait en effet tout ce qu'il disait fort juste. Il avouait avec plaisir la force de son esprit et de ses discours. Tout ce que M. Pascal lui disait de grand, il l'avait vu avant

---

(1) Cette relation est tirée des mémoires de Fontaine, secrétaire de M. de Sacy.

(2) A Port-Royal des Champs, les savants solitaires, Arnauld, Nicole, de Sacy, etc., occupaient les bâtiments laissés libres par le départ des religieuses qui, s'y trouvant à l'étroit, s'étaient transportées à Port-Royal de Paris.

(3) Prêter le collet, c'est-à-dire, tenir tête. Arnauld et de Sacy, l'un cultivant les sciences, l'autre apprenant à les mépriser : Port-Royal est là tout entier.

lui dans saint Augustin, et, faisant justice à tout le monde, il
disait : M. Pascal est extrêmement estimable en ce que,
n'ayant point lu les Pères de l'Église, il avait de lui-même, par
la pénétration de son esprit, trouvé les mêmes vérités qu'ils
avaient trouvées. Il les trouve surprenantes, disait-il, parce
qu'il ne les a vues en aucun endroit; mais, pour nous, nous
sommes accoutumés à les voir de tous côtés dans nos livres (1).
Ainsi, ce sage ecclésiastique trouvant que les anciens (2)
n'avaient pas moins de lumière que les nouveaux, il s'y tenait,
et estimait beaucoup M. Pascal de ce qu'il se rencontrait en
toutes choses avec saint Augustin.

« La conduite ordinaire de M. de Sacy, en entretenant les
gens, était de proportionner ses entretiens à ceux à qui il parlait. S'il voyait, par exemple, M. Champagne, il parlait avec
lui de la peinture. S'il voyait M. Hamon, il l'entretenait de la
médecine. S'il voyait le chirurgien du lieu, il le questionnait
sur la chirurgie. Ceux qui cultivaient ou la vigne, ou les
arbres, ou les grains, lui disaient tout ce qu'il y fallait observer. Tout lui servait pour passer aussitôt à Dieu et pour y faire
passer les autres (3). Il crut donc devoir mettre M. Pascal sur
son fond et lui parler des lectures de philosophie dont il s'oc-
cupait le plus. Il le mit sur ce sujet aux premiers entretiens
qu'ils eurent ensemble. M. Pascal dit que ses deux livres les
plus ordinaires avaient été Épictète et Montaigne, et il lui fit
de grands éloges de ces deux esprits. M. de Sacy, qui avait
toujours cru devoir peu lire ces auteurs, pria M. Pascal de lui
en parler à fond.

« Épictète, lui dit-il, est un des philosophes du monde
qui a mieux connu les devoirs de l'homme. Il veut, avant
toutes choses, qu'il regarde Dieu comme son principal
objet (4) ; qu'il soit persuadé qu'il gouverne tout avec justice ;
qu'il se soumette à lui de bon cœur, et qu'il le suive volon-

(1) Pensées plus d'une fois exprimées par les écrivains religieux.
Remarquons toutefois que l'Église a toujours recommandé l'étude de
la philosophie, et rappelons, à ce propos, la condamnation du tradi-
tionalisme en 1855.

(2) Les anciens, c'est-à-dire les Pères.

(3) Comme tout cela est intéressant ! Et quelle malheureuse idée
avaient eue certains éditeurs de retrancher de cette relation tout ce
qui concerne M. de Sacy !

(4) Remarquer, dans cette phrase, l'ordre des idées : d'abord le
principe métaphysique ou la Providence, puis le devoir ou la soumission, enfin la sanction ou la tranquillité de l'âme. Du reste, Pascal voit

tairement en tout, comme ne faisant rien qu'avec une très grande sagesse : qu'ainsi cette disposition arrêtera toutes les plaintes et tous les murmures et préparera son esprit à souffrir paisiblement les événements les plus fâcheux. Ne dites jamais, dit-il, ['Εγχειρ., 11] : J'ai perdu cela ; dites plutôt : Je l'ai rendu. Mon fils est mort, je l'ai rendu. Ma femme est morte, je l'ai rendue. Ainsi des biens et de tout le reste. Mais celui qui me l'ôte est un méchant homme, dites-vous. De quoi vous mettez-vous en peine, par qui celui qui vous l'a prêté vous le redemande? Pendant qu'il vous en permet l'usage, ayez-en soin comme d'un bien qui appartient à autrui, comme un homme qui fait voyage se regarde dans une hôtellerie. Vous ne devez pas, dit-il [8], désirer que ces choses qui se font, se fassent comme vous le voulez ; mais vous devez vouloir qu'elles se fassent comme elles se font. Souvenez-vous, dit-il ailleurs [17], que vous êtes ici comme un acteur, et que vous jouez le personnage d'une comédie, tel qu'il plaît au maître de vous le donner. S'il vous le donne court, jouez-le court ; s'il vous le donne long, jouez-le long ; s'il veut que vous contrefesiez le gueux, vous le devez faire avec toute la naïveté qui vous sera possible ; ainsi du reste. C'est votre fait de jouer bien le personnage qui vous est donné ; mais de le choisir, c'est le fait d'un autre. Ayez tous les jours devant les yeux [21] la mort et les maux qui semblent les plus insupportables ; et jamais vous ne penserez rien de bas, et ne désirerez rien avec excès.

« Il montre aussi en mille manières ce que doit faire l'homme (1). Il veut qu'il soit humble, qu'il cache ses bonnes résolutions, surtout dans les commencements, et qu'il les accomplisse en secret : rien ne les ruine davantage que de les produire. Il ne se lasse point de répéter que toute l'étude et le désir de l'homme doivent être de reconnaître la volonté de Dieu et de la suivre.

un peu Épictète à travers le christianisme ; car les préceptes de morale religieuse ont quelque chose d'équivoque dans le panthéisme stoïcien.

(1) Outre ces recommandations relatives à la résignation, à l'honnêteté, à l'humilité, il y a, dans Épictète, quelques bons préceptes de morale sociale, comme d'éviter les jugements téméraires (*Manuel*, § 45). Mais Pascal n'était pas obligé de tout dire.

« Voilà, monsieur, dit M. Pascal à M. de Sacy, les lumières de ce grand esprit qui a si bien connu le devoir de l'homme.

« J'ose dire qu'il méritait d'être adoré (1), s'il avait bien connu son impuissance, puisqu'il fallait être Dieu pour apprendre l'un et l'autre aux hommes. Aussi, comme il était terre et cendre, après avoir si bien compris ce qu'on doit, voici comment il se perd dans la présomption de ce que l'on peut. Il dit que Dieu a donné à l'homme les moyens de s'acquitter de toutes ses obligations; que ces moyens sont toujours en notre puissance : qu'il faut chercher la félicité par les choses qui sont en notre pouvoir (2), puisque Dieu nous les a données à cette fin; qu'il faut voir ce qu'il y a en nous de libre; que les biens, la vie, l'estime ne sont pas en notre puissance et ne mènent donc pas à Dieu; mais que l'esprit ne peut-être forcé de croire ce qu'il sait être faux, ni la volonté d'aimer ce qu'elle sait qui la rend malheureuse : que ces deux puissances donc sont libres, et que c'est par elles que nous pouvons nous rendre parfaits; que l'homme peut par ces puissances parfaitement connaître Dieu, et l'aimer, lui obéir, lui plaire, se guérir de tous ses vices, acquérir toutes les vertus, se rendre saint ainsi et compagnon de Dieu. Ces principes d'une superbe diabolique (3) le conduisent à d'autres erreurs, comme : que l'âme est une portion de la substance divine; que la douleur et la mort ne sont pas des maux; qu'on peut se tuer quand on est si persécuté qu'on peut croire que Dieu appelle, et d'autres encore.

« Pour Montaigne, dont vous voulez aussi, monsieur,

(1) Expression hardie, qui avait été supprimée par des éditeurs timorés, mais qui est parfaitement d'accord avec la fin de la phrase.

(2) C'est au commencement du *Manuel* d'Épictète que se trouve la distinction des choses qui sont ou ne sont pas en notre pouvoir. Les maximes suivantes montrent comment cette distinction capitale doit régler nos sentiments, notre imagination, notre conduite au milieu des obstacles, notre attitude en face de l'opinion, etc.

(3) Sans doute Épictète ignorait le dogme de la grâce; mais n'y a-t-il pas un peu d'exagération janséniste à dire que les maximes qui précèdent sont d'une superbe diabolique ? Cette expression s'appliquerait mieux à ce qui suit : que l'âme est une portion de la substance divine, etc.

que je vous parle, étant né dans un État chrétien, il fait profession de la religion catholique, et en cela il n'a rien de particulier. Mais comme il a voulu chercher quelque morale que la raison devrait dicter sans la lumière de la foi, il a pris ses principes dans cette supposition ; et ainsi, en considérant l'homme destitué de toute révélation, il discourt en cette sorte. Il met toutes choses dans un doute universel et si général, que ce doute s'emporte soi-même, c'est-à-dire s'il doute, et doutant même de cette dernière supposition, son incertitude roule sur elle-même dans un cercle perpétuel et sans repos ; s'opposant également à ceux qui assurent que tout est incertain et à ceux qui assurent que tout ne l'est pas, parce qu'il ne veut rien assurer. C'est dans ce doute de soi et dans cette ignorance qui s'ignore, et qu'il appelle sa maîtresse forme, qu'est l'essence de son opinion, qu'il n'a pu exprimer par aucun terme positif. Car s'il dit qu'il doute, il se trahit, en assurant au moins qu'il doute, ce qui étant formellement contre son intention, il n'a pu s'expliquer que par interrogation ; de sorte que ne voulant pas dire : Je ne sais, il dit : Que sais-je ? dont il fait sa devise, en la mettant sous des balances [*Apol.*, t. III, p. 177] qui, pesant les contradictions, se trouvent dans un parfait équilibre : c'est-à-dire qu'il est pur pyrrhonien. Sur ce principe roulent tous ses discours et tous ses Essais (1) ; et c'est la seule chose qu'il prétend bien établir, quoiqu'il ne fasse pas toujours remarquer son intention. Il y détruit insensiblement tout ce qui passe pour le plus certain parmi les hommes, non pas pour établir le contraire avec une certitude de laquelle seule il est ennemi, mais pour faire voir seulement que, les apparences étant égales de part et d'autre, on ne sait où asseoir sa créance.

« Dans cet esprit, il se moque de toutes les assurances ; par exemple (2), il combat ceux qui ont pensé établir dans

(1) Comparez Prévost-Paradol, *Études sur les Moralistes français*, page 18. « L'apologie de Raimond Sebonde, placée au centre des *Essais*, n'en est rien moins que le cœur ». Nous pouvons ajouter, d'après Pascal, que la maîtresse forme *Que sais-je ?* est le cœur de l'Apologie elle-même et de tous les Essais.

(2) Cet exemple, sur lequel Pascal insiste, est un des principaux objets du dernier chapitre des *Essais*.

la France un grand remède contre les procès par la multitude et par la prétendue justesse des lois : comme si l'on
pouvait couper la racine des doutes d'où naissent les procès, et qu'il y eut des digues qui pussent arrêter le torrent
de l'incertitude et captiver les conjectures ! C'est là que,
quand il dit qu'il voudrait autant soumettre sa cause au
premier passant, qu'à des juges armés de ce nombre d'ordonnances [III, 13, t. V, p. 125], il ne prétend pas qu'on
doive changer l'ordre de l'État, il n'a pas tant d'ambition ;
ni que son avis soit meilleur, il n'en croit aucun de bons.
C'est seulement pour prouver la vanité des opinions les
plus reçues ; montrant que l'exclusion de toutes lois dimi-
nuerait plutôt le nombre des différends que cette multitude
de lois qui ne sert qu'à l'augmenter, parce que les difficultés croissent à mesure qu'on les éclaire ; que les obscurités
se multiplient par les commentaires ; et que le plus sûr
moyen pour entendre le sens d'un discours est de ne le pas
examiner et de le prendre sur la première apparence : si
peu qu'on l'observe, toute la clarté se dissipe. Aussi il juge
à l'aventure de toutes les actions des hommes et des points
d'histoire, tantôt d'une manière (1), tantôt d'une autre,
suivant librement sa première vue, et sans contraindre sa
pensée sous les règles de la raison, qui n'a que de fausses
mesures, ravi de montrer par son exemple les contrariétés
d'un même esprit. Dans ce génie tout libre, il lui est entièrement égal de l'emporter ou non dans la dispute ; ayant toujours, par l'un ou par l'autre exemple, un moyen de faire
voir la faiblesse des opinions ; étant porté avec tant d'avantage dans ce doute universel, qu'il s'y fortifie également
par son triomphe et par sa défaite.

« C'est dans cette assiette, toute flottante et chancelante
qu'elle est, qu'il combat avec une fermeté invincible les hérétiques de son temps, sur ce qu'ils s'assuraient de connaître
seuls le véritable sens de l'Écriture ; et c'est de là encore

---

(1) Suivant une remarque ingénieuse, aussitôt que Montaigne a
émis une opinion, il *rebondit* vers l'opinion opposée, pour revenir à
la première, et la quitter encore « comme un pendule bien suspendu
qui, après quelques oscillations légères, retrouve son équilibre et
rentre dans son repos ». (Prévost-Paradol, *Études sur les Moralistes
français*, p. 16.)

qu'il foudroyait plus vigoureusement l'impiété horrible de
ceux qui osent assurer que Dieu n'est point. Il les entre-
prend particulièrement dans l'Apologie de Raymond de
Sebonde (1) ; et les trouvant dépouillés volontairement de
toute révélation et abandonnés à leurs lumières naturelles,
toute foi mise à part, il les interroge de quelle autorité ils
entreprennent de juger de cet Être souverain qui est infini
par sa propre définition, eux qui ne connaissent véritablement aucune des moindres choses de la nature ! Il leur
demande sur quels principes ils s'appuient ; il les presse de
les montrer. Il examine tous ceux qu'ils peuvent produire
et y pénètre si avant, par le talent où il excelle, qu'il
montre la vanité de tous ceux qui passent pour les plus
éclairés et les plus fermes. Il demande si l'âme connaît
quelque chose et si elle se connaît elle-même ; si elle est
substance ou accident, corps ou esprit ; ce que c'est que
chacune de ces choses, et s'il n'y a rien qui ne soit de l'un
de ces ordres ; si elle connaît son propre corps, ce que
c'est que matière, et si elle peut discerner entre l'innom-
brable variété d'avis qu'on en produit ; comment elle peut
raisonner, si elle est matérielle ; et comment elle peut être
unie au corps particulier et en ressentir les passions, si
elle est spirituelle : quand a-t-elle commencé d'être, avec le
corps ou devant, ou si elle finit avec lui ou non ; si elle ne
se trompe jamais ; si elle sait qu'elle erre, vu que l'essence

(1) Raimond de Sebonde, théologien, philosophe et médecin, né à
Barcelone, vers la fin du xive siècle, mort à Toulouse en 1432. Son
principal ouvrage, la *Theologia naturalis*, avait été donné au père de
Montaigne par un de ses hôtes nommé Pierre Bunel. Michel l'avait
traduit à la prière de son père et avait fait paraître cette traduction
en 1569, onze ans avant la première publication des *Essais*. Dans
l'Apologie (*Essais*, liv. II, chap. xii), où Montaigne donne ces détails,
il répond à deux objections dirigées contre la *Theologia naturalis*. La
première consiste à dire que la foi est un don de la grâce et ne
repose pas sur des fondements humains. Montaigne en convient ; mais,
ajoute-t-il, c'est une belle occupation « d'embellir, étendre et amplifier
la vérité de sa créance par ses études et pensements ». — Mais
d'autres objectent que Raimond de Sebonde n'a pas prouvé ce qu'il
avance. « Il faut dit Montaigne, secouer ceux-ci un peu plus rude-
ment ; car ils sont plus malicieux et plus dangereux que les premiers. »
C'est contre ces raisonneurs présomptueux qu'est dirigée toute
l'argumentation sceptique de l'*Apologie ;* mais, en réalité, il n'est plus
question de Raimond de Sebonde.

de la méprise consiste à ne pas la connaître; si dans ses
obscurcissements elle ne croit pas aussi fermement que
deux et trois font six qu'elle sait ensuite que c'est cinq; si
les animaux parlent, raisonnent, pensent, et s'ils peuvent
décider ce que c'est que le temps, ce que c'est que l'espace
ou étendue, ce que c'est que le mouvement, ce que c'est
que l'unité, qui sont toutes choses qui nous environnent
et entièrement inexplicables; ce que c'est que santé,
maladie, vie, mort, bien, mal, justice, péché, dont nous
parlons à toute heure; si nous avons en nous des principes
du vrai, et si ceux que nous croyons et qu'on appelle
axiomes ou notions communes, parce qu'elles sont conformes dans tous les hommes, sont conformes à la vérité
essentielle. Et, puisque nous ne savons que par la seule foi
qu'un Être tout bon nous les a donnés véritables en nous
créant pour connaître la vérité, qui saura sans cette
lumière si, étant formés à l'aventure, ils ne sont pas incer-
tains, ou si, étant formés par un être faux et méchant, il ne
nous les a pas donnés faux afin de nous séduire? montrant
par là que Dieu et le vrai sont inséparables, ou que si l'un
est ou n'est pas, s'il est incertain ou certain, l'autre est
nécessairement de même. Qui sait donc si le sens commun,
que nous prenons pour juge du vrai, en a l'être de celui
qui l'a créé? De plus, qui sait ce que c'est que vérité, et
comment peut-on s'assurer de l'avoir sans la connaître?
Qui sait même ce que c'est qu'être, qu'il est impossible de
définir, puisqu'il n'y a rien de plus général, et qu'il faudrait, pour l'expliquer, se servir d'abord de ce mot-là
même, en disant : C'est? Et puisque nous ne savons ce que
c'est qu'âme, corps, temps, espace, mouvement, vérité,
bien, ni même être, ni expliquer l'idée que nous nous en
formons, comment nous assurerons-nous qu'elle est la
même dans tous les hommes, vu que nous n'avons d'autre
marque que l'uniformité des conséquences, qui n'est pas toujours un signe de celle des principes; car ils peuvent bien
être différents et conduire néanmoins aux mêmes conclusions,
chacun sachant que le vrai se conclut souvent du faux (1).

(1) Pascal résume en deux pages toutes les difficultés qui, dans
Montaigne, remplissent un volume. Nous recommandons aux jeunes

« Enfin il examine si profondément toutes les sciences et
la géométrie, dont il montre l'incertitude dans les axiomes
et dans les termes qu'elle ne définit point, comme d'étendue, de mouvement, etc.; et la physique en bien plus de
manières, et la médecine en une infinité de façons; et l'histoire, et la politique, et la morale, et la jurisprudence et le
reste. De telle sorte que l'on demeure convaincu que nous
ne pensons pas mieux à présent que dans quelques songes
dont nous ne nous éveillons qu'à la mort et pendant lesquels
nous avons aussi peu les principes du vrai que durant le
sommeil naturel. C'est ainsi qu'il gourmande si fortement et
si cruellement la raison dénuée de la foi, que, lui faisant
douter si elle est raisonnable, et si les animaux le sont ou
plus ou moins, il la fait descendre de l'excellence qu'elle
s'est attribuée et la met par grâce en parallèle avec
les bêtes (1), sans lui permettre de sortir de cet ordre jusqu'à ce qu'elle soit instruite par son Créateur même de son
rang qu'elle ignore; la menaçant, si elle gronde, de la
mettre au-dessous de toutes, ce qui est aussi facile que le
contraire; et ne lui donnant pouvoir d'agir cependant que
pour remarquer sa faiblesse avec une humilité sincère, au
lieu de s'élever par une sotte insolence.

« M. de Sacy, se croyant vivre dans un nouveau pays et
entendre une nouvelle langue, il se disait en lui-même les
paroles de saint Augustin : O Dieu de vérité! ceux qui savent
ces subtilités de raisonnement vous sont-ils pour cela plus
agréables? Il plaignait ce philosophe qui se piquait, se déchi-
rait de toutes parts des épines qu'il se formait, comme
saint Augustin dit de lui-même lorsqu'il était en cet état. Après
donc une assez longue patience, il dit à M. Pascal :
« Je vous suis obligé, monsieur; je suis sûr que si j'avais
longtemps lu Montaigne, je ne le connaîtrais pas autant que
je fais depuis cet entretien que je viens d'avoir avec vous. Cet
homme devrait souhaiter qu'on ne le connût que par les récits

philosophes cette remarquable énumération, utile non seulement pour
froisser la superbe raison, mais aussi pour développer le sentiment
des problèmes qui est une partie de l'esprit philosophique.

(1) C'est, en effet, la pensée qui termine l'*Apologie*: « O la vile
chose et abjecte que l'homme, s'il ne s'élève au-dessus de l'humanité !... C'est à notre foi chrétienne, non à la vertu stoïque de prétendre à cette divine métamorphose. »

que vous faites de ses écrits ; et il pourrait dire avec saint Augustin : *Ibi me vide, attende.* Je crois assurément que cet homme avait de l'esprit ; mais je ne sais si vous ne lui en prêtez pas un peu plus qu'il n'en a, par cet enchaînement si juste que vous faites de ces principes. Vous pouvez juger qu'ayant passé ma vie comme j'ai fait, on m'a peu conseillé de lire cet auteur, dont tous les ouvrages n'ont rien de ce que nous devons principalement rechercher dans nos lectures, selon la règle de saint Augustin, parce que ses paroles ne paraissent pas sortir d'un grand fond d'humilité et de piété. On pardonnerait à ces philosophes d'autrefois, qu'on nommait académiciens, de mettre tout dans le doute. Mais qu'avait besoin Montaigne de s'égayer l'esprit en renouvelant une doctrine qui passe maintenant chez les chrétiens pour une folie ? C'est le jugement que saint Augustin fait de ces personnes. Car on peut dire après lui de Montaigne : Il met dans tout ce qu'il dit la foi à part ; ainsi nous, qui avons la foi, devons-nous de même mettre à part tout ce qu'il dit. Je ne blâme point l'esprit de cet auteur, qui est un grand don de Dieu ; mais il pouvait s'en servir mieux, et en faire plutôt un sacrifice à Dieu qu'au démon. A quoi sert un bien, quand on en use si mal ? *Quid proderat*, etc. ? dit de lui-même ce saint docteur avant sa conversion. Vous êtes heureux, monsieur, de vous être élevé au-dessus de ces personnes qu'on appelle des docteurs, plongés dans l'ivresse de la science, mais qui ont le cœur vide de la vérité. Dieu a répandu dans votre cœur d'autres douceurs et d'autres attraits que ceux que vous trouvez dans Montaigne. Il vous a rappelé de ce plaisir dangereux, *a jucunditate pestifera*, dit saint Augustin, qui rend grâces à Dieu de ce qu'il lui a pardonné les péchés qu'il avait commis en goûtant trop les vanités. Saint Augustin est d'autant plus croyable en cela, qu'il était autrefois dans ces sentiments ; et comme vous dites de Montaigne que c'est par ce doute universel qu'il combat les hérétiques de son temps, ce fut aussi par ce même doute des académiciens que saint Augustin (1) quitta l'hérésie des Manichéens. Depuis qu'il

(1) Toujours saint Augustin. On pense à ce vers du *Lutrin* sur Arnauld :

Sans doute il aura lu dans son saint Augustin, etc.

« Il est piquant et singulier de voir aux prises et bientôt d'accord ces deux hommes qui sont à cheval chacun presque sur un seul livre, l'un sur Montaigne doublé d'Épictète, et l'autre sur son saint Augustin. Quand l'un parle Montaigne, l'autre répond saint Augustin, et avec un demi-tour les voilà au pas. » (Sainte-Beuve, *Port-Royal*, t. II, p. 381-382.)

fut à Dieu, il renonça à cette vanité, qu'il appelle sacrilège, et fit ce qu'il dit de quelques autres; il reconnut avec quelle sagesse saint Paul nous avertit de ne nous pas laisser séduire par ces discours. Car il avoue qu'il y a en cela un certain agrément qui enlève : on croit quelquefois les choses véritables, seulement parce qu'on les dit éloquemment. Ce sont des viandes dangereuses, dit-il, que l'on sert en de beaux plats; mais ces viandes, au lieu de nourrir le cœur, elles le séduisent. On ressemble alors à des gens qui dorment et qui croient manger en dormant : ces viandes imaginaires les laissent aussi vides qu'ils étaient.

« M. de Sacy dit à M. Pascal plusieurs choses semblables : sur quoi M. Pascal lui dit que, s'il lui faisait compliment de bien posséder Montaigne et de le savoir bien tourner, il pouvait lui dire sans compliment qu'il possédait bien mieux saint Augustin, et qu'il le savait bien mieux tourner, quoique peu avantageusement en faveur de M. Montaigne. Il lui parut être extrêmement édifié de la solidité de tout ce qu'il venait de lui présenter; cependant, étant encore tout plein de son auteur (1), il ne put se retenir et lui dit :

« Je vous avoue, monsieur, que je ne puis voir sans joie dans cet auteur la superbe raison si invinciblement froissée par ses propres armes, et cette révolte si sanglante de l'homme contre l'homme, qui, de la société avec Dieu, où il s'élevait par les maximes de la seule raison, le précipite dans la nature des bêtes; et j'aurais aimé de tout mon cœur le ministre d'une si grande vengeance, si, étant disciple de l'Église par la foi, il eût suivi les règles de la morale (2), en portant les hommes, qu'il avait si utilement humiliés, à ne pas irriter par de nouveaux crimes celui qui peut seul les tirer de ceux qu'il les a convaincus de ne pouvoir pas seulement connaître.

(1) Si Pascal applaudit aux attaques de Montaigne contre la science ce n'est pas seulement parce qu'il est *plein de son auteur*, mais parce qu'il lui emprunte sa doctrine, comme on le verra dans les *Pensées*.

(2) Ainsi, ce que Pascal critique dans Montaigne, c'est seulement la morale. Le blâme de M. de Sacy s'étendait aussi au reste de la doctrine. Il en sera de même de Malebranche et des logiciens de Port-Royal. Mais par où prendre un homme aussi insaisissable que Montaigne ? Ne désarme-t-il pas ses adversaires quand il dit que son pyrrhonisme est un coup désespéré, un dernier tour d'escrime dont il ne faut pas user en toute occurrence ?

« Mais il agit, au contraire, de cette sorte en païen. De
ce principe, dit-il, que hors de la foi tout est dans l'incertitude, et considérant bien combien il y a que l'on cherche
le vrai et le bien sans aucun progrès vers la tranquillité, il
conclut qu'on en doit laisser le soin aux autres; et demeurer
cependant en repos, coulant légèrement sur les sujets, de
peur d'y enfoncer en appuyant; et prendre le vrai et le
bien sur la première apparence, sans les presser, parce
qu'ils sont si peu solides, que, quelque peu qu'on serre la
main, ils s'échappent entre les doigts et la laissent vide.
C'est pourquoi il suit le rapport des sens et les notions
communes, parce qu'il faudrait qu'il se fît violence pour
les démentir, et qu'il ne sait s'il gagnerait, ignorant où est
le vrai. Ainsi il fuit la douleur et la mort, parce que son
instinct l'y pousse et qu'il ne veut pas résister pour la
même raison, mais sans en conclure que ce soit de véritables maux, ne se fiant pas trop à ces mouvements naturels
de crainte, vu qu'on en sent d'autres de plaisir qu'on accuse
d'être mauvais, quoique la nature parle au contraire.
Ainsi, il n'y a rien d'extravagant dans sa conduite; il agit
comme les autres hommes; et tout ce qu'ils font dans la
sotte pensée qu'ils suivent le vrai bien, il le fait par un
autre principe, qui est que, les vraisemblances étant pareil-
lement d'un et d'autre côté, l'exemple et la commodité (1)
sont les contre-poids qui l'entraînent.

« Il suit donc les mœurs de son pays, parce que la cou-
tume l'emporte; il monte sur son cheval comme un homme
qui ne serait pas philosophe, parce qu'il le souffre, mais
sans croire que ce soit de droit, ne sachant pas si cet
animal n'a pas, au contraire, celui de se servir de lui. Il se
fait aussi quelque violence pour éviter de certains vices, et
même il a gardé la fidélité au mariage, à cause de la peine
qui suit les désordres; mais si celle qu'il prendrait surpasse
celle qu'il évite, il y demeure en repos, la règle de son
action étant en tout la commodité et la tranquillité. Il
rejette donc bien loin cette vertu stoïque (2) qu'on peint

(1) C'est la morale du scepticisme. L'ataraxie était la conclusion
pratique de la doctrine de Pyrrhon.
(2) Trait heureusement choisi, puisque, dans cet entretien, Montaigne
est mis en opposition avec Épictète.

avec une mine sévère, un regard farouche, des cheveux
hérissés, le front ridé et en sueur, dans une posture pénible
et tendue, loin des hommes dans un morne silence, et seule
sur la pointe d'un rocher : fantôme, à ce qu'il dit, capable
d'effrayer les enfants, et qui ne fait là autre chose, avec
un travail continuel, que de chercher le repos, où elle
n'arrive jamais. La sienne est naïve, familière, plaisante,
enjouée, et, pour ainsi dire, folâtre : elle suit ce qui la
charme, et badine négligemment des accidents bons ou
mauvais, couchée mollement dans le sein de l'oisiveté tran-
quille, d'où elle montre aux hommes, qui cherchent la
félicité avec tant de peines, que c'est là seulement où elle
repose, et que l'ignorance et l'incuriosité sont deux doux
oreillers pour une tête bien faite, comme il dit lui-même (1) :

« Je ne puis pas vous dissimuler, monsieur, qu'en lisant
cet auteur et le comparant avec Épictète, j'ai trouvé qu'ils
étaient assurément les deux plus illustres défenseurs des
deux plus célèbres sectes du monde et les seules conformes
à la raison, puisqu'on ne peut suivre qu'une de ces deux
routes, savoir : ou qu'il y a un Dieu, et alors il (2) y place
son souverain bien ; ou qu'il est incertain, et qu'alors le
vrai bien l'est aussi, puisqu'il en est incapable. J'ai pris un
plaisir extrême à remarquer dans ces divers raisonnements
en quoi les uns et les autres sont arrivés à quelque con-
formité avec la sagesse véritable, qu'ils ont essayé de
connaître. Car s'il est agréable d'observer dans la nature
le désir qu'elle a de peindre Dieu dans tous ses ouvrages,
où l'on en voit quelque caractère, parce qu'ils en sont les
images, combien est-il plus juste de considérer dans les
productions des esprits les efforts qu'ils font pour imiter
la vérité essentielle, même en la fuyant, et de remarquer

(1) Pour être complètement juste envers Montaigne, il faudrait
continuer la citation. Au passage rappelé par Pascal il ajoute :
« J'aimerais mieux m'entendre bien en moi qu'en Cicéron. » (*Essais*,
liv. III, chap. XIII.) Ce que Montaigne veut connaître, c'est l'homme ;
« prêt à prendre son parti et à se consoler s'il l'ignore ». (Prévost-
Paradol, ouvrage cité, p. 2.) Disons encore avec le même critique
(p. 38) : « C'est une perpétuelle leçon de tempérance et de modération
qu'un tel livre. »

(2) *Il y place... il en est incapable :* dans ces deux propositions, *il*
désigne l'homme.

en quoi ils y arrivent et en quoi ils s'en égarent, comme j'ai tâché de faire dans cette étude.

« Il est vrai, monsieur, que vous venez de me faire voir admirablement le peu d'utilité que les chrétiens peuvent faire de ces lectures philosophiques. Je ne laisserai pas néanmoins, avec votre permission, de vous en dire encore ma pensée, prêt néanmoins de renoncer à toutes les lumières qui ne viendront point de vous, en quoi j'aurai l'avantage, ou d'avoir rencontré la vérité par bonheur, ou de la recevoir de vous avec assurance. Il me semble que la source des erreurs de ces deux sectes est de n'avoir pas su que l'état de l'homme à présent diffère de celui de sa création (1); de sorte que l'un, remarquant quelques traces de sa première grandeur, et ignorant sa corruption, a traité la nature comme saine et sans besoin de réparateur, ce qui le mène au comble de la superbe; au lieu que l'autre, éprouvant la misère présente et ignorant la première dignité, traite la nature comme nécessairement infirme et irréparable, ce qui le précipite dans le désespoir d'arriver à un véritable bien, et de là dans une extrême lâcheté. Ainsi, ces deux états, qu'il fallait connaître ensemble pour voir toute la vérité, étant connus séparément, conduisent nécessairement à l'un de ces deux vices, d'orgueil ou de paresse, où sont infailliblement tous les hommes avant la grâce, puisque s'ils ne demeurent dans leurs désordres par lâcheté, ils en sortent par vanité, tant est vrai ce que vous venez de me dire de saint Augustin, et que je trouve d'une grande étendue; car en effet on leur rend hommage en bien des manières (2).

« C'est donc de ces lumières imparfaites qu'il arrive que

(1) Cette explication des erreurs d'Épictète et de Montaigne sera l'idée fondamentale des *Pensées*. La vérité du christianisme sera prouvée aux yeux de Pascal, lorsqu'il aura établi que la doctrine chrétienne du péché originel est la seule hypothèse qui rende compte des contrariétés de notre nature.

(2) Dans cette phrase *leur* ne se rapporte grammaticalement à rien. Le sens qui s'offre naturellement à l'esprit, c'est que la doctrine des Pères de l'Église est confirmée de bien des manières. Du reste, il est difficile d'établir un rapprochement précis entre la pensée qui vient d'être exprimée et ce qui a été rapporté précédemment de saint Augustin.

l'un, connaissant les devoirs de l'homme et ignorant son impuissance, se perd dans la présomption, et que l'autre, connaissant l'impuissance et non le devoir, il s'abat dans la lâcheté; d'où il semble que, puisque l'un est la vérité, l'autre l'erreur, l'on formerait en les alliant une morale parfaite (1). Mais au lieu de cette paix, il ne resterait de leurs assemblages qu'une guerre et qu'une destruction générale : car l'un établissant la certitude et l'autre le doute, l'un la grandeur de l'homme et l'autre sa faiblesse, ils ruinent la vérité aussi bien que la fausseté l'un de l'autre. De sorte qu'ils ne peuvent subsister seuls à cause de leur défaut, ni s'unir à cause de leurs oppositions, et qu'ainsi ils se brisent et s'anéantissent pour faire place à la vérité de l'Évangile. C'est elle qui accorde les contrariétés par un art tout divin, et, unissant tout ce qui est de vrai et sachant tout ce qu'il y a de faux, elle en fait une sagesse véritablement céleste où s'accordent ces opposés, qui étaient incompatibles dans ces doctrines humaines. Et la raison en est que ces sages du monde placent les contraires dans un même sujet, car l'un attribuait la grandeur à la nature et l'autre la faiblesse à cette même nature, ce qui ne pouvait subsister; au lieu que la foi nous apprend à les mettre en des sujets différents (2) ; tout ce qu'il y a d'infirme appartenant à la nature, tout ce qu'il y a de puissance appartenant à la grâce. Voilà l'union étonnante et nouvelle qu'un Dieu seul pouvait enseigner, et que lui seul pouvait faire, et qui n'est qu'une image et qu'un effet de l'union ineffable de deux natures dans la seule personne d'un Homme-Dieu.

« Je vous demande pardon, monsieur, dit M. Pascal à M. de Sacy, de m'emporter ainsi devant vous dans la théologie, au lieu de demeurer dans la philosophie, qui était seule mon sujet; mais il m'y a conduit insensiblement, et il est difficile de n'y pas rentrer, quelque vérité qu'on traite, parce qu'elle est le centre de toutes les vérités; ce qui paraît ici parfaitement, puisqu'elle enferme si visi-

----

(1) C'est ce que ferait un éclectisme superficiel, se bornant à juxtaposer les doctrines contraires, sans les concilier par un point de vue supérieur.

(2) Voilà la solution de l'antinomie, comme dirait Kant.

blement toutes celles qui se trouvent dans ces opinions.
Aussi je ne vois pas comment aucun d'eux pourrait refuser
de la suivre. Car s'ils sont pleins de la pensée de la grandeur de l'homme, qu'en ont-ils imaginé qui ne cède aux
promesses de l'Évangile, qui ne sont autre chose que le
digne prix de la mort d'un Dieu? Et, s'ils se plaisent à voir
l'infirmité de la nature, leur idée n'égale plus celle de la
véritable faiblesse du péché, dont la même mort a été le
remède (1). Ainsi tous y trouvent plus qu'ils n'ont désiré,
et, ce qui est admirable, ils s'y trouvent unis, eux qui ne
pouvaient s'allier dans un degré infiniment inférieur !

« M. de Sacy ne put s'empêcher de témoigner à M. Pascal
qu'il était surpris de voir comment il savait tourner les choses ;
mais il avoua en même temps que tout le monde n'avait pas le
secret comme lui de faire sur ces lectures des réflexions si
sages et si élevées. Il lui dit qu'il ressemblait à ces médecins
habiles qui, par la manière adroite de préparer les plus grands
poisons, en savent tirer les plus grands remèdes. Il ajoute
que quoiqu'il voyait bien, par ce qu'il venait de lui dire, que
ces lectures lui étaient utiles, il ne pouvait pas croire néanmoins qu'elles fussent avantageuses à beaucoup de gens (2)
dont l'esprit se traînerait un peu et n'aurait pas assez d'élévation pour lire ces auteurs et en juger, et savoir tirer les
perles du milieu du fumier, *aurum ex stercore Tertulliani*, disait
un Père. Ce qu'on pouvait bien plus dire à ces philosophes,
dont le fumier, par sa noire fumée, pouvait obscurcir la foi
chancelante de ceux qui les lisent. C'est pourquoi il conseil-
lerait toujours à ces personnes de ne pas s'exposer légèrement
à ces lectures, de peur de se perdre avec ces philosophes et
de devenir l'objet des démons et la pâture des vers selon le
langage de l'Écriture, comme ces philosophes l'ont été.

« Pour l'utilité de ces lectures, dit M. Pascal, je vous
dirai fort simplement ma pensée. Je trouve dans Épictète

(1) Réflexion qui ajoute à la force de celles qui précèdent. Ainsi, le
christianisme a pénétré plus profondément que tous les systèmes
dans l'abîme des misères humaines, et il a, pour y porter remède, des
moyens inconnus aux philosophes.
(2) Ici M. de Sacy, faisant abstraction de la valeur intrinsèque des
livres de philosophie, soulève la question de l'opportunité de ces
lectures, eu égard aux dispositions des personnes. C'est un point de
vue tout pratique venant après de hautes considérations.

un art incomparable pour troubler le repos de ceux qui le
cherchent dans les choses extérieures, et pour les forcer à
connaître qu'ils sont de véritables esclaves et de misé-
rables aveugles ; qu'il est impossible qu'ils trouvent autre
chose que l'erreur et la douleur qu'ils fuient, s'ils ne se
donnent sans réserve à Dieu seul. Montaigne est incomparable pour confondre l'orgueil de ceux qui, hors la foi,
se piquent d'une véritable justice ; pour désabuser ceux
qui s'attachent à leurs opinions, et qui croient trouver dans
les sciences des vérités inébranlables ; et pour convaincre
si bien la raison de son peu de lumière et de ses égare-
ments, qu'il est difficile, quand on fait un bon usage de
ces principes, d'être tenté de trouver des répugnances
dans les mystères ; car l'esprit en est si battu, qu'il est
bien éloigné de vouloir juger si l'Incarnation ou le mystère
de l'Eucharistie sont possibles ; ce que les hommes du
commun n'agitent que trop souvent.

« Mais si Épictète combat la paresse, il mène à l'orgueil,
de sorte qu'il peut être très nuisible à ceux qui ne sont pas
persuadés de la corruption de la plus parfaite justice qui
n'est pas de la foi. Et Montaigne est absolument pernicieux
à ceux qui ont quelque pente à l'impiété et aux vices (1).
C'est pourquoi ils doivent être réglés (2) avec beaucoup de
soin, de discrétion, et d'égard à la condition et aux mœurs
de ceux à qui on les conseille. Il me semble seulement
qu'en les joignant ensemble elles ne pourraient réussir fort
mal, parce que l'une s'oppose au mal de l'autre : non
qu'elles puissent donner la vertu, mais seulement troubler
dans les vices : l'âme se trouvant combattue par ces contraires, dont l'un chasse l'orgueil et l'autre la paresse, et
ne pouvant reposer dans aucun de ces vices par ses raisonnements ni aussi les fuir tous.

« Ce fut ainsi que ces deux personnes d'un si bel esprit

_____

(1) Malgré cette sévérité, remarquons, avec Sainte-Beuve (*Port-Royal*,
t. II, p. 396), que, dans l'*Entretien* avec de Sacy, Montaigne est toujours
traité grandement. Dans les *Pensées*, au contraire, Pascal semble
prendre à tâche de le rapetisser et de l'avilir, sans renoncer toutefois
à ses arguments sceptiques.

(2) Sur cette question toute pratique les deux interlocuteurs sont
complètement d'accord.

s'accordèrent enfin au sujet de la lecture de ces philosophes, et se rencontrèrent au même terme, où ils arrivèrent néanmoins d'une manière un peu différente : M. de Sacy y étant venu tout d'un coup par la claire vue du christianisme, et M. Pascal n'y étant arrivé qu'après beaucoup de détours, en s'attachant aux principes de ces philosophes.

« Lorsque M. de Sacy et tout Port-Royal était ainsi occupé de la joie que causait la conversion de M. Pascal, et qu'on y admirait la force toute puissante de la grâce, qui avait si humblement soumis cet esprit si élevé de lui-même par une miséricorde dont il y a peu d'exemples, etc. »

TABLE DES MATIÈRES

FIN

9645. — TOURS, IMP. ARRAULT ET Cⁱᵉ.

www.ingramcontent.com/pod-product-compliance
Lightning Source LLC
Chambersburg PA
CBHW052135090426
42741CB00009B/2086